中央高校基本科研

FUNDAMENTAL Research

U0549041

"互联网+"背景下的高校信息化建设

张芳 著

本书对我国高校信息化建设的发展历程进行认真梳理和全方位的剖析，融入中央财经大学信息化建设的经验与成果，通过顶层设计并把握国家信息化发展的趋势，把"互联网+"时代的创新特点融入高校信息化建设当中，从项目规划、结构搭建、创新模式、安全防护等方面进行深入的理论研究和案例分析，希望能够为高校信息化从业人员提供创新性思路和建设性意见。

中国财经出版传媒集团

经济科学出版社
Economic Science Press

图书在版编目（CIP）数据

"互联网+"背景下的高校信息化建设/张芳著.—北京：经济科学出版社，2018.11

ISBN 978-7-5218-0026-5

Ⅰ.①互⋯　Ⅱ.①张⋯　Ⅲ.①高等学校-信息化建设-研究-中国　Ⅳ.①G649.2

中国版本图书馆 CIP 数据核字（2018）第 282728 号

责任编辑：王　娟　凌　健
责任校对：王苗苗　杨　海
责任印制：邱　天

"互联网+"背景下的高校信息化建设

张　芳　著

经济科学出版社出版、发行　新华书店经销
社址：北京市海淀区阜成路甲 28 号　邮编：100142
总编部电话：010-88191217　发行部电话：010-88191522
网址：www.esp.com.cn
电子邮件：esp@esp.com.cn
天猫网店：经济科学出版社旗舰店
网址：http://jjkxcbs.tmall.com
北京季蜂印刷有限公司印装
710×1000　16 开　11.25 印张　200000 字
2019 年 3 月第 1 版　2019 年 3 月第 1 次印刷
ISBN 978-7-5218-0026-5　定价：49.00 元
（图书出现印装问题，本社负责调换。电话：010-88191510）
（版权所有　侵权必究　打击盗版　举报热线：010-88191661
QQ：2242791300　营销中心电话：010-88191537
电子邮箱：dbts@esp.com.cn）

序

新年的钟声余音绕梁，这部有关"互联网+"背景下高校信息化建设的专著千呼万唤始出来。作为32年前毕业于计算机专业并且一直在高校工作的从业者，我目睹了网络信息技术在校园里的发展，及其对高校信息化建设的影响。

1969年开始，起源于美国的互联网逐渐从国防、科学技术领域，扩展到越来越多的行业，最终走进了人们的日常生活。互联网进入中国不过30年的时间，但我国高校的信息化建设已经发展了二十余年。党中央、国务院非常重视教育信息化建设工作，高校信息化建设的从业人员则肩负着时代的责任感和使命感，在高等教育领域的信息化建设过程中，从业人员不断推进着高校信息化建设从"网络校园"到"数字校园"再到"智慧校园"的转型、发展与创新。伴随着云计算、物联网、大数据、移动互联网等新名词出现的是新一轮社会生产和生活变革的浪潮，网络信息技术对高等教育的创新性变革正日益深入。

如今我们身处网络互联高度发达的时代，各行各业都可以通过将办公操作信息化、运作模式信息化、评估体系信息化等方式，精确信息提取，简化工作流程，优化资源配置。作为人才培养基地的高等院校，在网络信息技术日新月异的趋势影响下，必须顺应时代发展要求，将互联网与教育教学模式紧密结合起来，将信息技术与高校办公积极融合在一起，将移动应用与校园生活创新共建起来，为完善"数字校园"，打造"智慧校园"的理想不懈努力。

非常高兴我的同事们在紧张繁忙的工作之余，完成了这本以"互联网+"为时代背景，并对我国高校信息化建设的发展历程进行认真梳理之后，所进行的更加深入的理论研究和案例分析，以便为我国高校信息化建设从业人员提供宝贵的经验教训，并提出一些创新性思路和建设性意见。

党的十八大以来,以习近平同志为核心的党中央高度重视网络安全和信息化工作,把完善互联网管理领导体制作为重要的改革任务之一,成立了中央网络安全和信息化领导小组,统筹协调各个领域的网络安全和信息化重大问题。因此,高校信息化建设必须抓住新时代的发展机遇,通过顶层设计并把握国家信息化发展的趋势,紧密结合我国高校信息化建设的发展实践,把"互联网+"时代的创新特点融入高校信息化建设当中,更好地发挥积极引领作用。

林 琼

2018 年 1 月 1 日

前　　言

"互联网加一个传统行业，意味着什么呢？其实，代表了一种能力，或者是一种外在的资源和环境，对这个行业的一种提升。"

——马化腾，2013，腾讯公司创始人

随着云计算、物联网、移动应用、大数据、移动互联网等新一轮社会生产变革的浪潮汹涌袭来，信息技术对教育的突破性革新日趋深入。在互联网时代的驱动下，在党中央、国务院对教育信息化工作的要求下，高校的信息化建设承载着时代的责任感和使命感，引领着教育领域的信息化建设从"数字校园"到"智慧校园"的转型、发展与创新。在"互联网+"时代，各行各业都通过运用先进的信息化技术，在优化资源配置、简化工作流程、提高数据的服务能力上创新和发展。在大势所趋下，高校也应顺应时代要求，将互联网与教育教学模式紧密结合，将信息技术与高校管理、校园生活积极融合、创新共建，为完善"数字校园"，构建"智慧校园"的生态体系不懈努力。本书正是为了适应"互联网+"的时代背景，对高校信息化发展与创新所做的研究，为高校工作者们提供一些新思路和建设性意见。

一、高校信息化建设发展历程

近年来，高校信息化建设工作始终坚持"以人为本"的原则、强调"以服务为核心"的理念。回顾我国高校信息化建设的发展历程，其建设集中于20世纪90年代，经过二十余载的探索与实践，共经历了三个发展阶段。

一是网络校园时代：1994年，我国政府开始投资建设中国教育和科研计算机网。高校的校园网建设进而展开，经过了基础设施（硬件）建设阶段、教育应用（软件）开发阶段，我国高校校园的网络布局、主干网带宽、核心机房建设都已初具规模，教育软件系统的使用也取得了很好的应用效果。

二是数字校园时代：进入21世纪后，我国高校信息化建设面临着各个应用系统相互独立、信息孤岛、服务单一的挑战。在这个阶段，高校信息化建设经历了2000～2006年以技术为导向的数字化校园建设、2007～2009年以业务为导向的数字化校园建设、2010年至今以服务为导向的数字化校园建设的发展历程，完成了高校综合信息门户、校园一卡通等系统的搭建工作。

三是智慧校园时代：智慧校园是高校信息化发展的必经之路，目前仍在探索阶段。智慧校园的特征包括移动互联网、物联网、云计算、大数据在内的新兴信息技术，利用这些技术来改变和完善校园用户的交互方式、知识分享模式和信息资源整合方式等。如今，大多数高校都已基本完成了在数字化校园建设阶段的基础设施，如硬件平台和软件体系的搭建工作，高校逐渐进入了向"智慧校园"转型的初级阶段，正在探索将大数据、移动互联、云平台等信息技术与教育业务交叉融合的新模式。

二、高校信息化建设的意义

高校信息化建设对高校的发展具有深远的意义，主要表现在以下三方面。

一是可以推动信息化与高等教育教学、科研的融合与创新。乔治梅森大学前任校长默顿博士曾说过："大学信息战略规划应为教学的目标服务，为科研的目标服务，为大学的管理和大学的全球化服务。"高校信息化建设立足于服务，在服务教学、科研的基础上，可以促进教育教学改革、教学模式创新、学习方式变革等。

二是可以服务优质教育资源建设与共享。利用信息技术构建平台，为师生提供更加便利的资源分享平台，不仅可以扩大信息分享的广度，还可以提高信息索取的深度，促进了教育资源共享机制的完善和区域教育的均衡、公平发展。

三是可以完善教育信息化管理。国家对教育信息化的指导思想主要强调：要制定校园信息资源的管理要求，构建教育管理信息系统，以便加快信息化管理进程，促进管理标准化。标准的信息化管理，可以节约信息录入的时间成本、提高信息提取的精确度、扩大信息共享的范围等。

此外，高校"十三五"规划开年将网络安全和信息化作为重点工作，强调了维护校园网络环境的安全和稳定是在大数据背景下的信息化工作的重要目标。互联网正在成为我们这个时代不可或缺的基础设施，随着互联网与各个行业深度融合，在"互联网+"时代下，网络安全和信息安全正在成为公司、行业乃至国家维度上非常重要的话题。网络安全不再只是技术问题，而是业务以及管理问题。网络安全包括了虚拟化与大数据安全、云服务安全、移动网络安全、科研大数据的管理及科技成果保护等方面。所以，在本书中，我们还将对高校网络安全现状以及具体的网络安全技术进行详细阐述。

三、关于本书

全书共分为七章，主要内容包括国内外高校信息化发展现状、高校信息化面临的机遇与挑战、无线网建设、数字化校园建设、大数据建设、网络安全等。第1~3章介绍了互联网浪潮中高校信息化的现状和问题；第4~6章介绍了如何利用新型信息技术对高校网络环境构建和信息系统建设等进行发展与创新；第7章提出了蓬勃兴起的信息技术所引发的担忧及基于网络安全的应对措施。展望互联网时代的未来，相信高校会继续从信息科技中汲取能量、适度控制、不断创新，推动高校信息化建设上升到一个新的台阶。

根据编著人员的多年从业经历和细心钻研，在编著人员的共同努力下，本书得以呈现出以下优势特色。

1. 主题明确，定位独特。虽然各个高校的信息化建设都在如火如荼地展开，相关从业者对此类书籍的阅读需求也随之增加，但遗憾的是，目前专门针对高校信息化建设进行专题研究的专著非常少，所以本书以高校领域的信息化建设为研究对象，为高校教育行业提供有针对性的建议。

2. 内容全面，逻辑清晰。本书将高校信息化建设进行了全方位的剖析，分别按背景引入、现状分析、提出挑战、如何建设的逻辑链条进行编写，并且将如何建设的主体部分进行了分类，分专题从无线网、数字化校园、大数据分析、网络安全等方面进行编写，为读者提供了清晰的逻辑框架。

3. 结合实际，可行性强。本书编写过程中参考了国内一些高校优秀的建设案例，融入了中央财经大学信息化建设过程中的相关经验、实例与成果，经过了理论联系实际的实践检验，使得信息化建设方法和流程具有一定的可操作性和可行性，提升了本书的实用价值和参考价值。

参与本书编写的人员有中央财经大学从事高校信息化建设工作的相关老师，包括张芳、刘璀、刘明刚、杨玲、王璐、李昆等。全书最后由林琼教授进行统稿和修改，在此，对所有参与者表示感谢。本书在编写过程中基于中央财经大学自身信息化建设的实践经验,参考了国内外有关高校网络建设和信息化建设的大量著作和文献,对高校信息化建设的项目规划、结构搭建、创新模式、安全防护等内容进行全面研究。本书既对各高校从事信息化建设工作的老师具有一定的指导意义和借鉴作用,也可供从事高校信息化系统研发的科研机构或企业的技术人员阅读参考。

由于编写时间紧迫、编者水平有限,疏漏之处在所难免,还望读者给予谅解,恳请读者不吝批评指正,相关意见和建议请发送至邮箱:zhang-fang@cufe.edu.cn。

目 录

第1章 国外教育信息化发展概况 ………………………… 1
   1.1 教育信息化及其起源 ………………………………… 1
   1.2 欧洲的教育信息化概况 ……………………………… 2
   1.3 美国的教育信息化概况 ……………………………… 6
   1.4 亚洲信息化强国教育信息化建设概况 ……………… 9

第2章 我国高校信息化建设与发展 ……………………… 14
   2.1 我国高校信息化基础设施建设状况 ………………… 15
   2.2 高校综合管理信息化建设与应用状况 ……………… 22
   2.3 高校信息化战略规划及保障机制状况 ……………… 27

第3章 "互联网+"背景下的高校信息化
      面临的机遇与挑战 ………………………………… 31
   3.1 "互联网+"简介 …………………………………… 31
   3.2 "互联网+"背景下的高校信息化 ………………… 36
   3.3 总结与展望 …………………………………………… 57

第4章 数字化校园建设 …………………………………… 58
   4.1 数字化校园建设思路 ………………………………… 58
   4.2 高校数据集成需求 …………………………………… 59
   4.3 信息标准制定 ………………………………………… 60
   4.4 数据交换共享平台构建 ……………………………… 62
   4.5 业务系统集成 ………………………………………… 65
   4.6 应用系统建设 ………………………………………… 67

4.7 统一身份认证体系建设 ……………………………………… 76

第 5 章 无线网建设 ……………………………………………… 81
5.1 无线网基础 …………………………………………………… 81
5.2 高校无线局域网方案设计 …………………………………… 92
5.3 高校无线局域网设计实例 …………………………………… 99

第 6 章 高校大数据建设 ………………………………………… 105
6.1 大数据概论 …………………………………………………… 105
6.2 高校大数据平台建设 ………………………………………… 111

第 7 章 高校网络安全建设 ……………………………………… 128
7.1 网络安全概述 ………………………………………………… 128
7.2 信息安全等级保护 …………………………………………… 137
7.3 高校网络安全建设 …………………………………………… 147

参考文献 …………………………………………………………… 164
后记 ………………………………………………………………… 168

第1章

国外教育信息化发展概况

在信息化浪潮的影响下,世界各国都意识到信息技术的重要性,纷纷将信息技术融入各行各业,将教育信息化事业提升至国家战略层面。高校信息化是国家信息化的重要战略,也是教育现代化的要求,它是随着信息技术的不断应用和高校发展结合的必然产物,是利用先进的现代化信息技术实现高校内各项资源整合和资源共享,利用互联网技术将各项资源形成一个庞大的信息化空间,利用互联网技术实现教学、科研、管理、办公、服务等各项资源在时间和空间上的延伸。高校信息化建设是用信息技术的智能工具提高教学质量、促进科研水平、加快工作和管理效率,提升服务水平的有力武器,它是加强高校办学水平,提高人才培养质量,提升高校的核心竞争力和国际影响力的必不可少的因素。

1.1 教育信息化及其起源

"信息化"的概念是20世纪60年代由日本人最先提出的,1963年日本学者梅田忠夫在日本《朝日放送》杂志上发表了题为《信息产业论》的论文,指出"信息化"是从以物质生产带动经济发展向以信息生产、传播和交换的经济形势发展的社会过程。文中,他描绘了"信息革命"和"信息化社会"的前景,梅田忠夫预见到信息科学技术的发展和应用将会引起一场全面的社会变革,进而将人类社会推进到"信息化社会"。1967年,日本政府的一个科学、技术、经济研究小组在研究经济发展问题时,依照"工业化"概念,正式提出了"信息化"概念:"信息化是向信息产业高度发达且在产业结构中占优势地位的社会——信息社会前进的动态过程,它反映了由可触摸的物质产品起主导作用向难以捉摸的信息产品起主导作用的根本性转变。"1970年，日本东京帝国大学著名社会经济学家增田米二在《信息社会》一书中，首次提出了"信息社会"的概念。他认为，信息社会的计算机、数据库、知识业、伦理业等是带动产业结构转型的原动力，它们影响着传统的产业，带来了新型的复合系统产业。

1983年，日本经济学家松田米津提出信息社会的特点，他认为，工业社会发展的核心技术是蒸汽机，其主要功能是代替和减轻人类的体力劳动；而信息社会发展的核心则是计算机，其主要的功能是代替和加强人的脑力智能。在信息社会里，计算机的发展带来信息革命，产生大量系统化的信息、科学技术和知识；由信息网和数据库组成的信息公用事业，是以计算机为基础的基本社会结构，将会取代工厂成为社会的特征。

"信息化"，不仅仅是技术层面的概念，而且是一个不断提高信息资源开发利用程度的过程，还是一个社会经济活动流程再造的过程，促进人类社会实现工业社会向信息社会转变的过程。

在信息化引发社会发展日新月异的大趋势下，教育领域的信息化自然成为信息化的前沿。学校是实现人的知识、技能及观念转变的关键机构，教育机构是信息社会的一个组成部分，其职能是进行信息的加工处理，并向人们提供信息，因此，信息化对学校的影响必将产生深刻而长远的影响。

教育信息化是整个教育领域的信息化过程，高校信息化就是指高校领域的信息化。在全国高校信息化研究会2003年学术年会上，专家们对"大学信息化"（数字化校园）给出了定义，认为大学信息化首先以网络为基础，主要采用信息技术（Information Technology，IT）实现环境、资源及学校各活动的数字化，在传统校园基础之上，在时间和空间维度上构建一个数字空间，扩展校园功能提高校园效率，从教学、科研和管理等方面实现全面的信息化，实现教育的全面信息化。

1.2 欧洲的教育信息化概况

从20世纪90年代开始，网络技术进入人们的工作和生活的各个领域，互联网成了那个时期最热门的信息技术，网络上的各种应用包括网络教学模式也从那个时期开始起步，利用互联网技术，网络教育、远程教育在部分发达国家中开始成为教育的新模式。总之，世界范围内掀起了一股利用信息通信技术促进高校教育改革的浪潮，尽管不同国家的计划各不相同，但是宗旨都是希望利用信息通信技术来推动学校的教育改革，提高教学质量，培养出更加适应信息社会的人才。

美国、英国、日本等一些发达国家的教育机构在20世纪90年代初就已经开始将信息技术应用到教育课程，无论是从目标到任务还是步骤等，都制定了切实可行的方案，试图将自然、社会科学和信息技术这些思想，渗透、整合到教学体系中。欧洲国家高度重视教育信息化的建设，进入90年代，欧盟各国纷纷制订了教育信息化和教育改革发展计划，欧盟委员会加强了欧洲教育信息化的建设，"苏格拉底"计划、"达芬奇"计划、媒介Ⅱ（MEDIA Ⅱ）计划、信息2000（INFO 2000）计划等一系列信息化建设计划推动了欧洲国家教育信息化的快速发展。

1.2.1 英国

在众多欧洲国家中，英国被认为是教育信息化发展领先的国家之一，其信息化基础建设得到了政府的大力支持。1989年，英国政府就开始与ICL、SUN、英国电信采取"公私合作"的方式。全国范围所有高校中实施的"计算机用于教学创新"（Computersin Teaching Initiative，CTI）的教育信息化项目，就是通过计算机多媒体以及通信技术相互结合，实现高校所有的学科从教学模式、内容至组织形式彻底的变革。20世纪90年代之后，随着计算机网络的发展，英国开始关注互联网在学校中的应用。1995年，英国政府推出题为"教育高速公路：前进之路"的动议，将400家教育机构首批联网。1998年，英国政府开始实施"全国学习网络"计划（National Grid for Learning，NGFL），目标将全国540所大学院校、360家学术机构及4300座图书馆联网。英国还是第一个在法律中明确规定信息化内容的国家，在《教育改革法》中明确规定了信息技术教育课程及目标，同时，借助信息技术使得其国内人们的学习方式发生了革命性的变化。2000年2月，英国高等教育资助委员会提出一个为期5年的"E大学"（E-University）计划，提出整合英国各大学的力量，建立一所网上大学。从20世纪末以来，英国充分发挥综合国力强的优势，加大经费投入和科研开发，大力加强信息基础设施建设，积极发挥信息化教育的人才优势，促进了教育信息化水平的提升。

1.2.2 法国

法国的信息化程度，与西方发达国家相比并不高，但相对于欧洲其他国家来说有其独到之处。20世纪60年代，法国开始初步尝试将计算机应用于教育系统。1965年，法国政府就曾经拨出8万法郎用于发展计算机教学方法和计算机教学技术，随后，法国很多学校都配备了计算机。在教育信息化建设方面，法国政府自20世纪80年代之后，就开始实施一系列在学校中推广信息技术的计划。1985年，法国政府实施了一项"人人学习计算机"的庞大计划，耗资20亿法郎。1998年，法国教育部又公布了"三年教育信息化发展方案"，政府计划每年直接投入10亿法郎，加上地方政府的投入，资金总额达到150亿法郎。在高等教育信息化方面，自1997年法国实施"信息社会的政府行动计划"之后，法国高校开始大规模实施校园信息化建设。为支持高校信息化发展，法国政府在高校拨款计划中专门增加了有关信息通信技术方面的专项经费。为加强法国文化的国际宣传和拓展国际网络教育市场，法国教育部于2000年开始实施"数字校园"计划（French digital campuses 2000～2002），向高校提供经费建设具有国际竞争力的开放式远程培训体系。至2003年，法国共建立了77个数字校园、82所大学、22所工程师学院和29所教师培训学院参与其中。由于虚拟大学或数字校园属于发展中的新生事物，法国政府在构建高等教育数字校园之初，便设计了规范的、能兼顾各参与方利益的法律框架。法国教育部认为：尊重知识生产活动、智力创造和培训市场中的法律，制定保护知识产权的契约合同，是数字校园健康发展的重要保证。因此，法国在2002年制定了一份有关数字校园的知识产权保护文件，对合作者及合作者的性质、合作者的主要目标和对象、作者权利、原有著作的转让、转让者的义务与保证、开发、销售和商业化运作，大学内部局域网和多媒体使用章程等诸多方面进行了法律规范的尝试。虽不是真正意义上的法律，但为参与数字校园建设的各方提供了共同合作的基础原则，使得各方可以在实践中不断修改和完善，有利于促进数字校园的健康发展。

1.2.3 芬兰

北欧诸国（包括芬兰、丹麦、挪威和瑞典等）是社会信息化程度较高的国家，各国的信息通信基础设施世界领先，网络覆盖高达90%以上人口，技术与非技术研发水平高，创新体系完善，各项指标完善，如表1-1所示，在《2016年全球信息技术报告》显示的"网络就绪指数"（NRI）排名中，新加坡位居首位，其后依次为芬兰、瑞典、挪威；丹麦的"网络就绪指数"曾在2007~2009年连续三年位于全球榜首，这说明了北欧国家在社会信息化建设方面引领着世界发展的潮流。芬兰在"二战"结束后，用40年时间完成了工业化进程，接着又用10年左右完成了由工业社会向信息社会的转型，其社会发展水平的速度令世界瞩目。1994年，芬兰政府推出了第一个国家信息化社会战略——"面向信息社会：国家概要"，1998年又开始实施"生活、知识与竞争质量"战略。芬兰教育部为配合"国家信息社会计划"的实施，连续制定和实施了多项教育信息化建设计划。1995年，芬兰政府出台了"信息社会教育、培训及研究国家策略"，提出让学生学会从不同渠道获取、管理和处理信息的能力，具有基本的信息技术使用技能。2000年，芬兰教育部又发布了"国家信息技术教育"计划，目标是使芬兰成为世界上最主要的信息交互型知识社会，让每一位公民都能平等地享用信息资源和教育服务。2004年，为促进信息技术在教育中的运用，芬兰又开始实施"虚拟学校计划"（Virtual School），开发和应用合作互动的开放学习环境。在芬兰这个仅有520万人口的国家里，有10所综合大学和众多的高等技术学院、国际研究机构。芬兰实行九年制义务教育，包括大学在内实行全民免费教育。2007年，在欧盟发布的一份关于欧洲学校计算机和互联网应用情况的调查报告，数据显示，芬兰的高等院校94.8%实现了宽带接入互联网，计算机数达到每百人22.2台，信息化基础设施建设情况在整个欧洲都处于领先水平。

表1-1　2012~2016年世界经济论坛发布的"网络就绪指数"（NRI）排名前五名的国家以及中国排名

年份	NRI排名前五名	中国排名
2012	瑞典、新加坡、芬兰、丹麦、瑞士	51
2013	芬兰、新加坡、瑞典、荷兰、挪威	58
2014	芬兰、新加坡、瑞典、荷兰、挪威	62
2015	新加坡、芬兰、瑞典、荷兰、挪威	62
2016	新加坡、芬兰、瑞典、挪威、美国	59

从英国、法国、芬兰三个欧洲国家信息化建设的发展状况可以看出，欧洲国家大规模实施校园信息化建设，都是在国家和政府的大力支持下，与整个社会信息化进程构建同步、总体规划，在政策上给予鼓励，资金上给予投入，专业培训上给予支持，以带动教育信息化新发展。经过多年的努力，欧洲国家教育信息化建设的整体状况与美国的差距大大缩短，在某些方面甚至超过了美国的教育信息化水平。利用信息通信技术的力量推动学校教育的改革与发展，已经成为欧洲诸国教育改革的中心内容，这不仅是信息社会发展对人才培养的要求，同时也是学校尤其是高等教育改革发展的必然趋势。

1.3 美国的教育信息化概况

以科技立国的美国，特别重视现代信息技术在教育教学领域的应用，强调运用信息技术推动教育教学的改革和发展。美国教育信息化的历程率先启动于欧洲发达国家，作为世界头号经济强国，在教育信息化方面一直走在世界前列，早在20世纪60年代就开始进行计算机辅助教学，80年代中期之后，随着微型计算机的进一步普及，更多的计算机进入了美国校园。作为全球信息社会建设的先行国家，美国政府于90年代初开始全国范围的一系列教育信息化发展战略的实施，如表1-2所示，拉开了利用信息通信技术促进学校教育改革的浪潮，高校信息化建设全面开展。

表1-2 促进美国教育信息化发展的四大重要教育技术计划

年份	教育技术计划名称
1996	美国学生为21世纪做好准备：面向技术素养的挑战
2000	数字化学习：让所有的孩子随时随地都能得到世界一流的教育
2004	走向美国教育的新黄金时代：互联网、法律和当代学生的变革展望
2010	利用技术改变美国教育，使学习变得更强大

1990年，美国克莱蒙特大学教授凯尼斯·格林（Kenneth Green）首次提出"数字化校园"概念，并于同年发起了针对美国高校数字化建设的

研究项目（Campus Computing Project，CCP）。该项目每年都会针对信息技术在美国高等教育中的应用展开全国性的调查，并发布相应的调查报告。该项目自发起至今，一直是最具代表性的高校信息化研究项目，为世界各国高校教育信息化的发展提供了许多可以借鉴的经验。美国高校数字化建设研究项目的正式启动，标志着高校迈出了信息化建设道路上的第一步。

1993年，美国在"国家信息基础设施"计划（National Information Infrastructure，NII）中提出建立高速信息公路计划，是发展以互联网（Internet）为核心的综合化信息服务体系和推进信息技术在社会各领域的广泛应用。其目标是建成一个连接到各社会机构、团体和每个家庭的宽带高速网络，为全社会提供丰富多彩的信息，开展多样化的高级信息服务，满足人们在生产、工作、生活和人际交往中的信息需求。这个计划迅速渗透到美国社会生活的各个领域，特别是把信息技术在教育中的应用，作为实施面向世纪教育改革的重要途径，美国教育信息化建设拉开了序幕。

1996年，美国提出教育信息技术发展计划，发表了《美国学生为21世纪做好准备：面向技术素养的挑战》（Getting America's Students Ready for the 21st Century：Meeting the Technology Literacy Challenge），在这份计划中，提出了所有师生都能在教室、学校、社区和家中使用信息技术；所有教师都将有效地运用信息技术帮助学生达到较高的学业标准；所有学生都要具备信息技术方面的知识和技能；促进新一代技术在教与学中的应用；通过数字化的内容和网络应用来改革教与学等五大目标，美国教育信息化建设步伐大大加快。美国在高校信息化建设中为了应对信息技术变革教育结构中出现的问题，保障教育信息化顺利开展，克服了由于行政区域不同、教育多元化模式等因素造成的教育政策差异，在高校信息化领域出台了多项和教育政策相关的国家统一标准，为教育信息化提供系统的实施指南；在政府公布的教育信息化相关项目中，投入了巨额资金，投资范围主要包括：学校硬件基础设施建设、系统程序、应用软件及教育资源建设、课程设计、人员技能培训等。

1998年，在美国加利福尼亚州的科学中心，时任美国副总统的戈尔发表了一篇题为"数字地球"的演讲，提出了"数字地球"的概念，此后在世界范围内，人们开始提出并普及数字化的概念，数字化与各行各业的结合，引出了"数字城市""数字校园"等概念。跨入21世纪之后，美国高校信息化建设进入一个新的阶段。2000年，美国国会授权成立了一个名为"网络教育委员会"（Web-based Education Commission）的新机构，并于11月正式发表了《学习中互联网的力量：从承诺到实践》(the Power of the Internet for Learning: Moving From Promise to Practice) 的报告,该报告建议联邦和州政府应当把为每一位学习者推进宽带网作为电讯政策的中心目标；决策者、教育机构和私立机构一起使教育工作者通过运用技术获得专业的持续发展；扫除障碍顺利通往在线学习资源；加大资金投入,将政策付诸实践。

2004年,美国联邦教育部又发布了《走向美国教育的新黄金时代：互联网、法律和当代学生的变革展望》(Toward A New Golden Age in American Education: How the Internet, the Law and Today's Students Are Revolutionizing Expectations),该计划对美国前些年教育信息化建设进行了阶段性总结,提出了今后学校信息技术应用的发展重点。

经过十多年的努力,美国目前已经建成世界上较先进的教育信息化体系,尤其是信息化基础设施建设方面取得了令人瞩目的成绩。根据美国教育统计中心(National Center for Education Statistics)2006年11月调查数据,在美国公立中小学里,自2003年就实现全部学校接入互联网的目标；2005年,无论何种类型、层次或地理位置的公立学校中,都毫无例外地完成了联网建设工作。

在信息化建设过程中,技术层面的建设仅仅是数字化校园的基础,更为重要的是从组织和管理层面进行的校园信息化建设,例如,管理、教学、科研和图书资源等方面的信息化。只有将这两方面的建设统筹规划和系统组织起来,才有可能最大程度地发挥出校园信息化的作用。在校园信息化建设过程中,"它不仅需要一个强有力的技术支持部门,而且需要管理部门、业务部门和学术机构的密切配合和参与"。20世纪80年代,美国高校面临生源、教师队伍、经费资助和对外合作的竞争,以及大学运行效率如何适应教师和学生不断增长的需求与预期的压力,通过信息技术解决这些问题成为共识,为此,在美国高校中迅速发展起来首席信息官(Chief Information Official, CIO)体制。美国高校中的首席信息官随着学校的不同,由不同层级的领导来担任,超过1/3的学校是由校级领导担任,其主要职责是参与制定学校的战略规划,为学校科学决策和管理提供信息,设计和管理学校信息技术服务与应用,建立大学运转和管理与信息技术之间的桥梁,推动大学管理的创新和变革。

根据美国最权威的高等教育信息化协会的调查显示：目前国外高校中设置首席信息官职位(相当于副校级的权利和责任,参加学校决策)的比例为 39.30%，副校长具有首席信息官头衔的比例为 16.18%，教务长、校长等具有首席信息官头衔的比例为 6.93%，技术部门主任具有首席信息官头衔的比例为 28.90%。

美国的大学非常注重信息化业务和资源的整合，为避免多头建设和降低信息技术（IT）成本，信息化人员队伍建设相对集中，一般超过 300 人，负责全校公共性的信息化基础设施建设，校园网络、服务器和存储、管理信息系统、公共资源等的归口管理。美国的大学非常重视信息技术投入和人员保障，建设与运维资金力度大，不仅有充足的信息化建设经费，而且信息技术部门有稳定的运行经费支持。

如今在美国，已经建立了完善的高校信息化基础构架、资源丰富稳定的网络资源，利用信息技术已创建出了良好的校园信息化环境。利用信息技术变革教育教学方式，促进信息技术与教育深度融合，创新教育模式是美国高校信息化发展的主要任务。现在美国几乎所有大学"校园一卡通"建设已经卓有成效，教职工、学生凭借"校园一卡通"可以完成教学学习、持卡消费、借阅图书等所有事务，信息技术无处不在。信息技术投资是近年来美国高校信息化领域研究热点，随着新技术的发展，学校基础设施和系统为了适应高校发展需求而不断更新升级，再加之移动设备应用和无线网络的全面覆盖，不断加大高校信息技术投资，探索降低信息技术投资的策略，对校园信息技术投资的有效性评估成为高校新的关注点。

1.4 亚洲信息化强国教育信息化建设概况

20 世纪 90 年代末之前，欧美等发达国家一直引领着世界信息化发展的潮流，在亚洲，除了日本、新加坡、韩国等国的信息化发展进程较快外，其他国家和地区的信息化发展水平普遍偏低，这一方面与亚洲国家的经济发展水平有关，另一方面，与欧美发达国家相比，由于受地理环境、经济发展、政治和文化等因素的影响，亚洲这个多民族、多元文化的地区，在进行信息化建设和发展过程中会面临更多的困难与挑战。

国际数据公司（International Data Corporation，IDC）于 1996 年第一次公布的世界主要国家和地区"信息社会指标"（ISI）排名中，信息化发展水平较高的国家都集中在欧洲和北美洲的国家，亚洲国家和地区仅日本、新加坡和中国香港被列入"健行者"水平，其他亚洲国家和地区都被列入

"短跑者"和"起跑者"行列,这说明亚洲绝大多数国家和地区的信息化建设水平都处于起步阶段。不过进入21世纪后,亚洲作为全球经济发展势头最好的地区,信息化水平也在持续提升,加上亚洲国家和政府对信息化建设重视程度的不断提高,越来越多的亚洲国家和地区步入信息化发达水平的行列。2005年国际数据公司又一次发布针对全球53个国家和地区的信息化评比结果,韩国首次成为亚洲国家中唯一入选整体性指标排名前十的国家,位居全球第八;中国台湾地区排名上升至全球第20名;中国香港特区位居第11名、新加坡位居第13名、日本位居第18名。在通信和网络相关的基础设施建设方面,亚洲国家和地区的发展也是令人瞩目。总之,亚洲国家和地区的信息化基础设施建设水平正处于不断发展上升的阶段,为教育信息化的发展提供了良好的硬件基础和系统应用环境。

1.4.1 新加坡

根据世界经济论坛发布的"网络就绪指数"(NRI)排名,2015年和2016年,新加坡均处于全球榜首位置。新加坡是教育信息化起步较早、发展较快的亚洲国家,信息基础设施建设在东南亚地区可以说是最为完善的。新加坡政府多次提出要建设"21世纪全球中心""全球网络中心"等口号,在国家规划层面上强调利用信息密集接受的方式,将专业知识、技术、服务、资金、人力等多种资源进行汇集并处理,形成信息、经贸的交换中心,促使新加坡的知识触角从点线传送到世界各地,发挥国际影响力。

早在1991年,新加坡就制订了"信息技术2000年报告:智能岛的远景"计划,试图将新加坡建设成一个基于信息通信技术的"智能岛"。1996年,新加坡政府开始正式实施名为"新加坡1号:人人联网"(Singapore ONE:One Network for Everyone)的信息化建设计划,目标是在新加坡岛上铺设宽频高速网络,将岛内的各个通信网络相连,使所有的政府机构、学校、图书馆、企业和家庭连接起来,实现"智能岛"的目标。在教育信息化建设方面,新加坡政府于1997年正式启动为期五年的"第一个教育信息化总体计划"(Master Plan for IT in Education Ⅰ),计划五年中实现教育信息化的四大目标,即将学校与周围的世界联系起来,在无国界的网络世界里,教师和学生可以方便使用学校以外的教育资源,扩大学习的视野;将IT融合到教育上,促进教育的革新,激发学生学习和学校行政的最大潜力；在 IT 导向的学习环境下，鼓励创造思考、终身学习，培养健全的社会价值观；强化教育行政管理和效率。在第一个教育信息化计划下，新加坡硬件基础建设方面发展很快，不同类型学校的信息技术设备建设都达到了较高水平，学生与计算机的比例达到 5∶1，教师与计算机的比例达到 2∶1。2003 年，新加坡的教育信息化发展进入新阶段，《第二个教育信息化总体计划》（Master Plan for IT in Education Ⅱ：2003～2007 年）开始实施，重点将信息技术应用于新课程设计，并将信息技术应用、融合于课程内容。进一步促进信息技术在教育中的应用，加强学校领导层信息能力建设，在信息化建设方面学校有更多的自主权。在这一阶段，学生与计算机的配备比例达到 2∶1，教师与计算机的比例达到 1∶1。通过第二个阶段的教育信息化建设，新加坡政府不断研发和改进计算机硬件及相关的配套措施，融入学校课程中，扩大应用信息的机会，提供丰富的学习环境和资源，以期最终实现新加坡教育信息化能够居于世界领先水平。

1.4.2 日本

从 20 世纪 70 年代开始，科学技术的影响力在日本社会发展过程中逐步显现，无论是日常生活还是科学研究等领域都可以感受到科学技术的巨大作用。为了步入科技强国的行列，20 世纪 70 年代的第三次教育改革为日本发展教育信息化做好了充分的铺垫。（第一次是明治维新时期，日本向西方发达国家学习先进的科技和生产经验，加速本国的现代化进程，对本国的传统教育体制进行了全面改革。第二次教育改革发生在"二战"后，废除了原有的军国主义教育，确立了民主主义教育体制。）

20 世纪 80 年代是日本教育信息化发展起步阶段。1984 年，日本开始实施"综合业务数字网"（ISDN）建设计划。1987 年，日本临时教育审议会提出，教育必须为迎接信息化时代而积极实行改革，强调信息化是教育改革的基本方向之一，并且把教育与信息化的关系概括为：充分发挥教育在社会信息化中的作用；把信息化发展的成果应用于教育、文化和研究等活动中。

20 世纪 90 年代是日本教育信息化发展加速阶段。1992 年，日本文部省第一次提出要将计算机设施、多媒体教学手段等积极应用在教育方面。1999 年，日本政府为实现教育信息化的目标，正式制定了《教育信息化实施计划》，其主要内容是：2001 年前实现公立初等、中等和高等学校的网络化，使教师具备使用计算机进行教学的能力；2005年前实现其他学校的网络化，在所有学校教学中实现计算机授课，完成在教学方法、教学管理以及学生学习方式上的彻底改革。

21世纪是日本教育信息化发展腾飞阶段。2000年，日本政府内阁设置了"信息技术（IT）战略本部"，以此加快推进21世纪日本信息化的发展进程。2001年，日本政府在颁布的《形成高度信息通信网络社会基本法》中正式提出了"信息技术立国"的国家战略，为日本信息化的发展提供了法律依据。此外，日本还实施了《信息技术基本法》，该法案制定了国家教育信息化二阶段战略规划。2006年1月，日本政府制定了"信息技术新改革战略"，规定教育信息化的重要目标为加强信息技术教育、完善学校信息技术环境、提高教师利用信息技术的能力和推进校务的信息化。2007年4月，日本信息技术战略本部制定《IT新改革战略政策纲要》，提出要进一步提高优秀人才的收入和社会价值，形成培养高层次信息技术人才的良性循环机制。

进入21世纪后，日本政府相继提出"e-Japan""u-Japan"和"i-Japan"三大信息化发展战略，如表1-3所示，使得日本教育信息化的发展有了质的飞跃。短短几年时光，日本的信息化发展发生了翻天覆地的变化，一跃进入了世界教育信息化强国的行列。

表1-3　　　三大信息化发展战略促使日本教育信息化质的飞跃

制定时间（年）	战略名称	建成目标
2001	"e-Japan"战略	把日本建设成为世界上最先进的信息技术国家，完成信息化基础设施建设
2004	"u-Japan"战略	通过泛在网络，在日本国内形成一个信息网络无所不在的社会，普及信息技术、提高生产效率、提升生活品质，增强其经济、科技等方面的竞争力
2009	"i-Japan"战略	构建一个以人为本、富有生机的数字化社会，让信息技术就如同空气和水一样融入每个人的生活中，实现自主创新给日本的经济社会发展带来新的动力和活力

早在20世纪90年代初，日本高等教育信息化就已经达到了很高的水平。1999年，日本文部省向大学审议会提出了有关"全球化时代高等教

育的发展方向"的问题,要求进一步实施高等教育改革,重点改革各大学的信息化教育,以适应全球信息化发展的潮流。2001年日本政府制定"e‐Japan战略"后,各大学也纷纷制定信息化教学战略。随着"e‐Japan战略"的推进和各大学信息战略的实施,日本高等教育信息化取得了飞速发展。2010年,日本共有764所大学,其中66.6%的大学制定了信息战略,达到509所。这些大学制定的信息战略内容最多的为"计算机、网络的配备以及利用的计划",共有467所,所占比率达到91.7%。其次为"确保信息安全的计划",共有396所,所占比率达到77.8%。其他信息战略的内容包括校内信息体系集中化、教育信息化、信息业务改善和培养信息化人才等。在校园网普及方面,2010年,日本99.2%的大学配备了校园网。其中,国立大学和公立大学的配备率为100%,私立大学为99%。同时,校园网的网速呈现不断提高的趋势:1Gbps以上的网络2005年为66.2%,2006年为71.3%,2007年为74.5%,2008年为77.3%,2009年为79.1%,2010年为82.0%。近年来,日本大学校园无线网络的普及率也呈现不断提高的趋势:2006年大学校园无线网络的普及率达到59.5%,2010年上升至77.1%,其中国立大学高达94.2%。[①] 随着互联网的普及,各大学开始注重网络安全问题。2008年,日本共有57%的大学制定了信息安全及防护措施的相关政策,2010年增加至62.3%。

从亚洲信息化强国新加坡和日本的教育信息化建设过程中可以得到如下启示。首先,政府是国家教育信息化发展的关键,政府制定发展战略、设立目标,把国家战略、规划转换成为效益、成果,为信息化发展具有强大的政治保障。同时,在国家层面设立强有力的相关机构,在总体规划、分步实施的策略下,推动教育信息化飞速发展,并走在了世界的前沿。其次,政府充分发挥研究人员的科研支撑作用,在推动教育信息化过程中,将研究人员视为推进信息技术革命的智慧源泉和强大动力,特别是大学的研究人员在保障教育信息化科学有序发展、政策咨询和成果推广等方面发挥了重要作用。最后,完善的法制是实施教育信息化的有效保障。为顺利开展教育信息化建设,政府陆续出台信息化法规和政策,使得信息化的发展有章可循、有法可依。

---

① 丁春玲、何奎:《日本教育信息化发展战略研究》,载《合作经济与科技》2013年第3期。

第 2 章

我国高校信息化建设与发展

自 20 世纪 80 年代我国改革开放以来，随着国家在信息化建设方面投资的力度不断加大，重视程度不断提高，中国的总体信息化水平提升很快。信息技术日新月异，在各领域应用也越来越广泛，信息化俨然已成为当今社会发展和经济进步必不可少的元素。伴随中国社会信息化水平不断提高和"科教兴国"战略的兴起，教育信息化建设成为我国政府改革教育体制、提高人才培养质量、改善办学环境的重要方面。高校信息化是我国国家信息化和社会信息化的重要组成部分，随着信息、网络技术的发展，成为我国高等教育发展过程中的助力器，推动我国高等教育的巨大改革。

我国高校信息化建设起源于 20 世纪 90 年代。1997 年 4 月，中国第一次信息化工作会议正式提出了包括信息资源、信息网络、信息技术应用、信息技术和产业、信息化人才、信息化政策法规和标准六个要素的国家信息化体系的概念，并把国家信息化定义为：在国家统一规划和组织下，在农业、工业、科学技术、国防及社会生活各个方面应用现代信息技术，深入开发、广泛利用信息资源，加速实现国家现代化的进程。进入 21 世纪，我国提出了以信息化带动"四化"的伟大战略之后，教育部也提出了"以教育信息化带动教育现代化，实现教育跨越式发展"的宏伟的目标战略。2010 年，我国颁布了《国家中长期教育改革和发展规划纲要（2011～2020）》，提出"加快教育信息化进程"，指出了信息技术会对教育发展具有革命性影响，具体建设应从三个方面实施：加快教育信息化基础设施建设，加强优质教育资源开发与应用，构建国家教育管理信息系统。2012 年 3 月，教育部颁布《教育信息化十年发展规划（2011～2020）》，规划中对高等教育信息化提出了"推动信息技术与高等教育高度融合，创新人才培养模式"的发展任务。

随着信息技术和网络技术的不断发展，信息技术应用在社会的各行各业发展中，高校发展建设也同样因为信息技术的紧密结合，正加快其发展速度。近年来，国家层面上对高校教育信息化的重视程度不断提高，特别是《国家中长期教育改革和发展规划纲要（2010~2020）》指出，"信息技术对教育发展具有革命性影响，必须予以高度重视"，为高校信息化发展指明了方向。经过近三十年的发展，信息化已全面深入到高校教学、科研、管理与服务的各个层面，对促进高校各方面的改革与发展起到了独特的重要作用，带动了高校教育信息化的飞速发展。

下面从我国高校信息化建设三个主要部分组成：高校信息化基础设施建设、高校信息化综合资源建设、高校信息化机制建设，介绍我国高校信息化建设状况。

2.1 我国高校信息化基础设施建设状况

2.1.1 信息化基础设施建设基本到位

随着以计算机和网络为基础的现代信息通信技术的发展，计算机网络逐渐成为我国教育信息化发展的主要方向。1994年，由清华大学等六所高等学校承担建设和运行的全国性学术计算机互联网络"中国教育和科研计算机网"（CERNET）正式开通，该网络连接北京、上海、广州、南京、西安五所城市，并与INTERNET互联，成为我国第一个运行传输控制协议/因特网互联协议（TCP/IP协议）的全国性计算机互联网络。经过二十余年的发展，高校信息化基础设施建设长足发展，无论是计算机数量还是网络覆盖情况都有了很大的提高，尤其是在社会移动网络迅速普及的情况下，高校的互联网接入覆盖范围越来越广泛，高带宽、可信任、可控可管的校园网络环境基本上已经建成。

2.1.1.1 网络接口与IP地址总数

目前，国内的高校几乎都连接了互联网，不同类型的学校在全校网络接口总数上差异非常大。根据教育部科技发展中心发布的《高等教育信息化发展研究报告2015》显示，如图2-1所示，在参与调查的233所高校中，94%的"211"院校网络接口总数在1万个以上，网络接口总数超过3万个的"211"院校达到40%以上；一般全日制高校中有50.85%的学校网络接口总数在1万个到3万个之间；高职高专院校网络接口总数较低，四成的学校网络接口总数在5000个以下，这是高职高专院校亟待改善的状况。从地域上看，各地区学校的网络接口总数大多在1万~3万区间范围，校内网络条件最好的还是华南地区，83.34%的学校网络接口数超过1万个。与2011年数据相比，华中地区和华东地区学校网络接口的比例变化较小，西北地区很多学校网络接口数增加明显，西南地区和华北地区信息化基础设施建设薄弱校的比例也在缩小，这一现象也与地区经济发展状况有关。

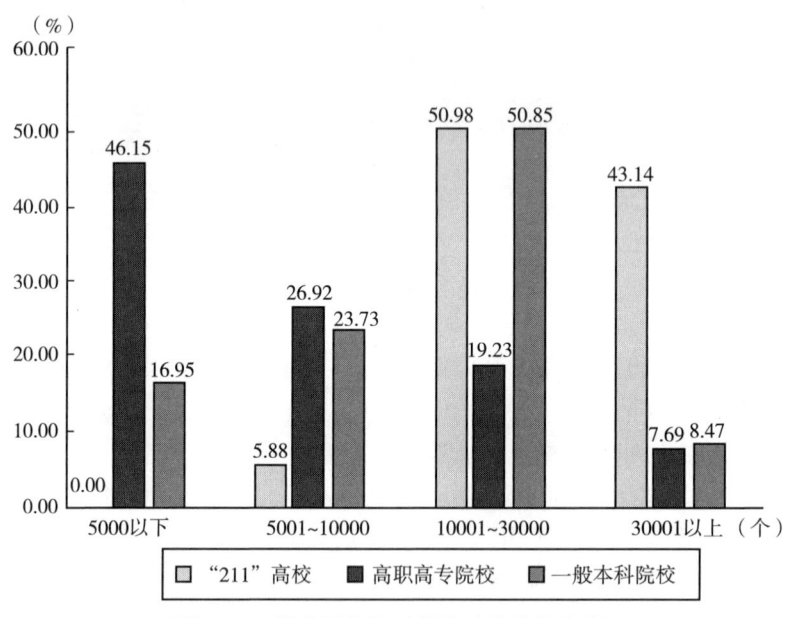

图2-1 学校网络接口总数（按学校分类）

2.1.1.2 带宽及利用率

网络出口带宽的"瓶颈"，是高校普遍关注的问题。"211"院校的网络出口带宽与其他院校的相比，有着明显的优势。"211"院校出口带宽在3000M以上的比例远远高于其他院校，达到81.25%[①]，如图2-2所示。

---

① 教育部科技发展中心编著：《高等教育信息化发展研究报告（2015）》，清华大学出版社2015年版。

带宽情况,从地区上来看,东部地区优于西部地区,华南地区出口带宽情况最好,千兆以上出口学校比例最高。

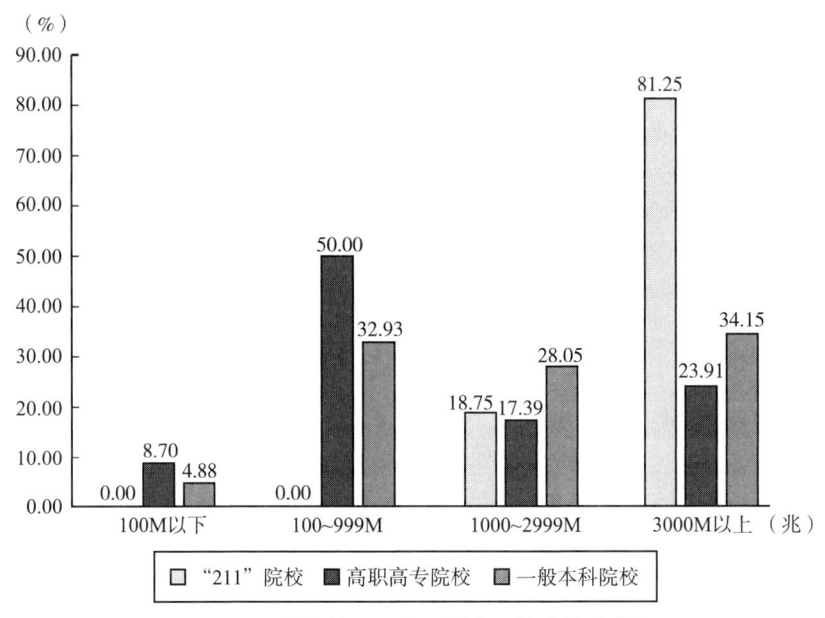

图2-2 学校校园网出口带宽(按学校分类)

在校园网出口带宽平均利用率方面,60%以上的"211"院校出口带宽利用率超过或接近80%,均已超过网络带宽利用率60%的警戒线,如图2-3所示。虽然各高校每年不断加大出口带宽的投入,但人们对互联网的依赖越来越大,网络拥堵问题仍然突出,网络扩容和升级是高校信息化持续的工作。

2.1.1.3 校园无线网覆盖与网速

我国高校无线网的建设起步较晚,但发展速度很快。中国内地高校的无线网络建设是从2002年开始。2002年5月,北京大学开始实施对校本部的无线网络建设,随后清华大学、上海交通大学、北京航空航天大学等高校相继推出了校园无线网计划。特别是2012年召开《高校无线校园网络建设研讨会》之后,各高校纷纷加速实施校园无线网建设,"985"高校、"211"院校迅速投入大量资金和技术的支持,用于校园无线网络建设。在"互联网+"时代,无线网络与智能手持终端的完美契合不仅使海量的信息资源可以便捷、快速直观地呈现在高校师生面前，而且因其"互联"的特性，使每一个终端背后的个体，可以超越时间与空间，进行沟通与交流，从而对无线网的建设产生了新的机遇和挑战。

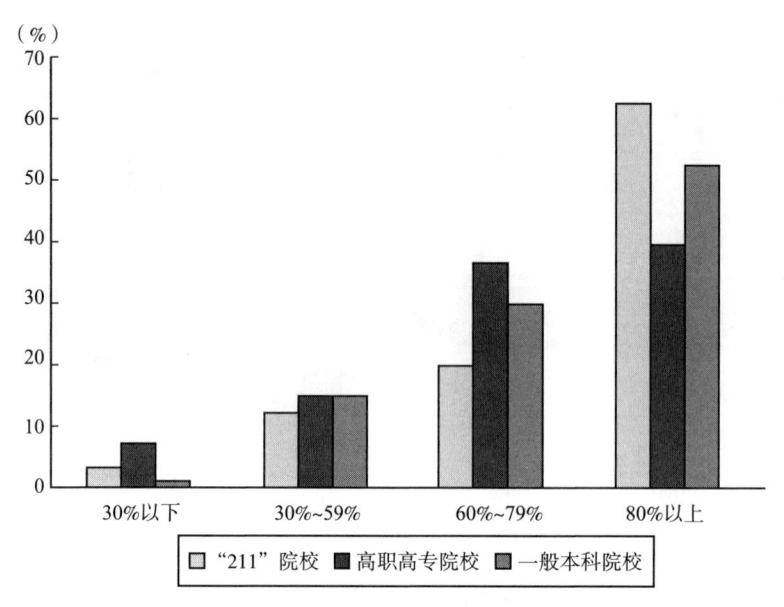

图2-3 校园网出口带宽平均利用率（按学校分类）

从全国高校统一部署的无线访问节点（Access Point，AP）数量统计来看，"211"院校要领先很多，一般本科院校和高职高专还需要改善。"211"院校校园无线访问节点总数在1000个以上的比例高达46.43%；无线访问节点总数在100个以下的高职高专院校的比例高达46.94%；"211"院校的比例仅为8.93%，如表2-1所示。对高校的公共区域覆盖情况调查显示，绝大部分高校的公共区域覆盖比例都达到了50%以上，主要包括教室、机房、图书馆等公共区域，如表2-2所示。在地区分布上来看，无线网络在高校公共区域覆盖率都集中在51%~75%的区间，西北地区、华南地区无线网络覆盖较为普及，使用最为普遍的是华东地区，华东地区、华北地区的覆盖率一直保持着良好的势头。无线网络覆盖区域低于75%的是东北地区、华中地区和华南地区。数据显示，2012年以后，全国高校所有地区的无线访问节点的规划和部署都相对提高。由于无线网络具有高效、便捷和灵活等诸多优点，师生用户体验度要求高，流畅的网速成为无线网络建设主流目标。从调查结果看,各地域的无线网络速度基本达到了非常流畅这一指标,华东地区和西北地区非常流畅率高达八成以上,华南地区约有三成以上的学校认为无线网络速度只能满足一般需求。

表2-1　　　　　　　　学校统一部署的无线AP数量　　　　　　　　单位:%

学校	AP数量100以下	AP数量101~500	AP数量501~1000	AP数量1001以上
"211"院校	8.93	26.78	17.86	46.43
一般本科院校	22.61	35.65	18.26	23.48
高职高专院校	46.94	30.61	8.16	14.29

资料来源:教育部科技发展中心编著:《高等教育信息化发展研究报告(2015)》,清华大学出版社2015年版。

表2-2　　　　　　　学校无线网络覆盖公共区域的情况

学校	覆盖率1%~25%	覆盖率26%~50%	覆盖率51%~75%	覆盖76%~100%
"211"院校	18.00	22.00	46.00	14.00
一般本科院校	21.05	21.11	50.53	6.32
高职高专院校	30.56	22.22	41.67	5.56

资料来源:教育部科技发展中心编著:《高等教育信息化发展研究报告(2015)》,清华大学出版社2015年版。

2.1.2　高校信息化系统运维状况

运维服务是伴随着信息化建设而产生的,在信息化项目的生命周期中运维服务占据了大约80%的时间。良好的运维服务体系是信息化基础设施与应用系统能够正常运转的基础,是用户能够真正依赖信息化设施开展工作的保障。尽管各高校信息技术部门都具备一定的开发能力,但是目前信息系统大部分选择由外部服务商提供,这样一方面可以弥补自身信息技术能力的不足,在一定程度上节省成本,解决人员编制问题;另一方面可以在外包过程中汲取他校的管理经验,优化自身的管理流程。通常,信息系统硬件部分一般都是通过招标委托代理商进行采购,常用的信息系统,例如人事系统、财务系统、学工系统和校友系统等通过采购商业系统而非靠自己队伍研发,一些高校还将二级网站交由公司制作和维护,比较普遍的外包工作还包括:宿舍区网络维护、机房网络设备检查、常见计算机应用问题咨询等程序化的任务。不少高校也已经意识到，通过信息技术外包可以利用外部服务商的优质资源，但是有必要提升信息技术部门的技术能力和管理能力以避免来自内部的风险，维护好与服务商的外包关系以规避外部风险，在与社会公司或服务提供商合作的过程中，始终强调以学校为主导的地位。

2.1.3 高校信息化安全工作的部署和技术手段

2013年以来，中国政府采取了一系列重大举措加大网络安全和信息化发展的力度。党的十八届三中全会《中共中央关于全面深化改革若干重大问题的决定》明确提出，要坚持积极利用、科学发展、依法管理、确保安全的方针，加大依法管理网络力度，完善互联网管理领导体制。教育部发布的《2017年信息化工作要点》明确提出，要提高教育行业网络安全信息保障能力，增强高校网络安全监测预警和应急响应能力。作为高等学府，高校网络的数据关系着教育教学、科研成果和人才培养质量等，来自网络的安全威胁会直接影响科研和教学的停滞、校园生活的有序进行，甚至泄露国家机密等。

2.1.3.1 信息安全领导和规章制度

随着高校信息化的发展，各高校对网络信息安全越加重视，几乎所有的学校都成立了信息化安全工作小组，委任了网络信息安全的负责人，不少学校保密办公室主任或副主任由信息部门的主管兼任。"211"院校与其他院校相比，负责信息安全的职位呈多样化，信息系统数据安全管理意识相对薄弱，已经制定并实行的安全管理制度比例低于高职高专和一般本科院校。而随着校园网络信息安全概念不断深入人心，"211"院校逐渐意识到建立数据安全管理制度的重要性，逐步开始制定相关制度的规划和信息系统数据安全的政策，以及实施信息系统数据安全管理制度。目前，国内有一半高校接受过信息安全风险评估，评估也主要集中在核心管理系统和数据，其他的例如教学系统和科研系统接受安全风险评估的院校低于30%，这是需要各类高校加强自身意识之处。对从事信息安全人员的资质方面，各类院校都非常重视，一方面加大信息安全投入，积极引进信息安全管理人员，另一方面加强内部管理人员的专业素质，积极开展各种信息安全宣传教育活动，不定期地组织各种安全管理、技术培训，要求相关人员参加培训并取得证书，以增强安全意识与管理水平。

2.1.3.2 学校所采取的信息安全措施

由于校园网中的各种设备及终端通常是分布在校园的不同位置,用处不同,操作的用户也不同,再加上部分用户网络安全意识较薄弱,对网络安全问题不够重视,一旦网络安全出现问题,处理不够及时,没能采取安全可靠的技术措施,必将造成了严重的损失。在技术防范手段方面,与国外高校相比,国内高校较为单一,常规采用的手段主要集中在防火墙、身份认证、网络实时监测、网络分段、审计日志等,在安全维护方面,高校的网络安全技术部署情况较为同质化,做法也较为传统,急需引进新的网络安全技术以保证校园网、信息系统等网站的安全性和稳定性。

2017年6月1日,国家《网络安全法》正式实施,第一次从法律层面提到"网络安全等级保护制度"这一新概念,也就是说包括高校、机构和企业部门在内的所有与网络相关的单位,必须进行安全等级保护工作。然而,根据2017年金智研究院调研357所高校的504名信息化管理者和从业者获取的《"互联网+"时代中国高校信息化建设现状及发展趋势报告》指出,系统通过等级保护的高校仅为126家(占35.3%),其中通过三级等保的44家(占12.3%),通过二级等保的82家(占23%),但是很多高校已纳入了计划,计划一年内做的145家(占40.6%),如图2-4所示。

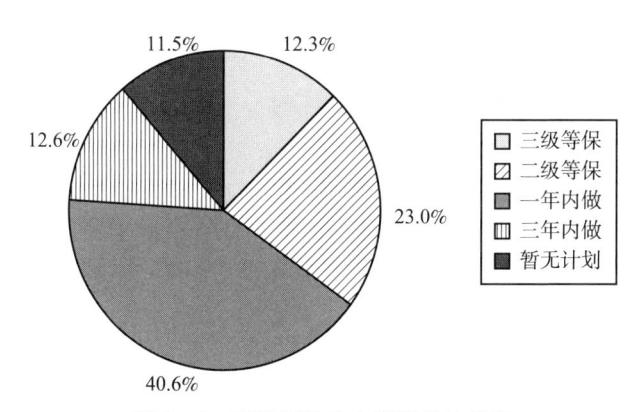

图2-4 高校系统安全等级保护状况

2.1.3.3 数据中心灾难防范措施

当学校应用发展到一定程度,就需要信息化部门提供统一管理的数据中心，以保证24小时监管以及温控等诸多要求，数据中心的防灾抗灾能力就上升到重要地位。国内高校主要是以签约其他学校做异地备份和多个数据中心提供冗余为主。

校园网的安全问题是一个较为复杂的系统工程，涉及技术、设备、管理和制度等多方面的因素，随着网络技术的发展，信息安全防范体系并非一成不变，新的安全隐患层出不穷，制定安全解决方案需要从整体上进行考虑，做到管理和技术并重，所谓"三分技术，七分管理"安全技术必须结合科学的管理制度，并将各种安全技术与管理手段配合使用，把网络不安全因素降到最少，才能确保校园网络系统的安全。

2.2 高校综合管理信息化建设与应用状况

2.2.1 我国高校信息化建设的发展历程

回顾发展历程，我国高校信息化建设集中于20世纪90年代开始进行，经过了二十余载的探索与实践，共经历了三个发展阶段：网络校园时代、数字校园时代和智慧校园时代。

2.2.1.1　1994～2000年：网络校园时代

1994年，我国政府开始投资建设中国教育和科研计算机网，高校的校园网建设进而展开，经过了基础设施（硬件）建设阶段、教育应用（软件）开发阶段，我国高校校园的网络布局、主干网带宽、核心机房建设都已初具规模，教育软件系统的使用也取得了很好的应用效果。

2.2.1.2　2001～2015年：数字校园时代

在进入21世纪后，信息化建设超前的高校开始建设管理信息系统，目的是实现部门业务的自动化和信息化。在这个阶段，按目标划分，我国高校信息化建设经历了2000～2006年以技术为导向的数字化校园建设、2007～2009年以业务为导向的数字化校园建设、2010～2015年以服务为导向的数字化校园建设的三个发展历程，完成了高校综合信息门户、校园一卡通等系统的搭建工作；按建设模式划分，此阶段可分为"单个应用"

"数据互通"和"流程再造"三个阶段。

2009~2015年，各高校开始对信息资源进行全面整合，提高信息化应用效果和效率，实现信息化增值服务。一些高校开始尝试通过云计算体系架构和移动互联网，构建以人为本、体现个性化需求的数字化应用系统，把信息和服务整合后推送给用户，更充分满足师生个性化、移动化需求，实现应用系统的可持续发展。

2.2.1.3 2016年至今：智慧校园时代

智慧校园是高校信息化建设的新阶段，是高校信息化发展的必经之路，目前仍在探索阶段。智慧校园的特征包括移动互联网、物联网、云计算、大数据在内的新兴信息技术，利用这些技术来改变和完善校园用户的交互方式、知识分享模式和信息资源整合方式等。因此，智慧校园成了突破"信息孤岛"的利器，被赋予了"整合优质教育资源、打破部门之间信息壁垒、为教育教学提供优质服务"的重任。

2.2.2 我国高校信息化建设发展现状

目前，大多数高校都已基本完成了在数字化校园建设阶段的基础设施，如硬件平台和软件体系的搭建工作，正处于数字化校园建设的尾期，少数高校已逐渐进入了向"智慧校园"转型的初级阶段，正在探索将大数据、移动互联、云平台等新信息技术与教育业务交叉融合的新模式。其中，厦门大学、复旦大学、浙江大学等已经将智慧校园建设付诸实践，智慧校园的"智慧"主要表现在智慧环境、智慧管理、智慧教学、智慧学习、智慧科研、智慧生活等方面，典型智慧应用正在逐步展开，如考勤、手机开门、水电自动监控、消费、借书等。当前，我国高校的智慧化程度还有待进一步提高，智慧校园未来发展的关键是"智慧"表现在哪些方面，如何建设个性化、智慧化、实用性、令用户满意的美好校园。

2.2.2.1 信息化应用已经渗入学校主流业务

在信息系统建设方面，48%的院校完成了信息系统建立开发工作，38%的院校正在建立，14%的院校也已处在起步阶段。其中，身份管理与认证系统基本已经普及整个校园，全校网络教学平台已进入近80%的高校。目前，我国高校信息化应用系统已经涵盖到教学、科研、管理、服务等学校主要业务上，各种应用系统建设此起彼伏，不断更新换代。这些应用系统以业务部门纵向的业务为主，包括教务管理系统、科研管理系统、财务管理系统等。随着各个应用系统的建设发展，出现了资源整合、业务融合的趋势，这将有助于未来体现融合意志的统一身份认证、数据共享平台、信息门户等相关系统逐渐走进高校信息化舞台中心。近两年，高校信息系统的发展有两个方向，一是建设统一的数据管理平台并制定完善的数据安全管理制度，二是建设统一的数据交换平台以加强信息系统之间的数据交换，化解信息孤岛问题。

2.2.2.2 数据共享与交换是高校信息化系统整合与应用提升的关键

2002年以前，各高校都在不同程度地开展信息化建设工作，但在实际实施过程中仍会因各种现实原因，例如，建设经费以项目形式分批下拨，造成数字化校园的建设或多或少凸显出信息孤岛问题，即学校各业务系统在功能上不做关联、数据上不做共享。系统功能由实际使用者决定，造成业务系统只关注某一个业务环节或管理功能，信息整合程度不足，各个系统独立运行，且随着校园网络化、信息化不断发展，"信息孤岛"问题对高校信息化建设带来的负面影响愈加严重，主要体现在以下几个方面。

一是校内信息缺乏有效共享。信息孤岛问题始于高校开展信息化建设之初未考虑构建统一数据平台，造成后期系统共联愈发困难，各个系统独立运行，校内数据格式缺乏统一规划，数据交换难度大，系统、功能模块不断重复建设。以学生信息为例，教务系统、招生系统、后勤管理系统、学生管理系统、一卡通系统等都需要对学生信息进行保存，且随着学生学业信息变动，如转专业、休学、退学等各个业务系统就需要各自维护学生信息统一变化，极易造成数据不一致，从而为学校的管理造成更大的麻烦。

二是数据资产深入挖掘受到制约。由于各个业务系统对数据的管理需求不同，造成学校内部公共信息（如学生信息、教工信息、资产信息等）不一致问题，使得学校无法积累有效数据，从而为进一步的数据挖掘、数据分析造成困难。

三是业务系统无法有效集成。由于各个业务系统缺乏统一的集成设计、数据设计，造成各个业务系统具有独立的登录接口、登录界面甚至是独立的用户名和密码，对教工和学生而言用户体验差，人性化程度低。

四是系统维护成本过高。由于各应用系统采用独立维护的方式,当公用信息发生变化时,学校为了维护数据的一致性,需要管理员人工在涉及的相关系统中更新相应信息,这样就增加了各应用系统的维护工作以及维护成本,作为校园信息化的整体效率自然会下降。

数据共享的建设是信息化工作发展到一定阶段的需要,数据共享环境的好坏,直接影响在此基础上建立的教学、科研、管理等方面的信息化工作。

2.2.2.3 信息门户系统已成为高校信息化系统的"集成器"

上述问题使得当时的高校信息化建设缺乏整体规划与设计,各部门应用系统多分散独立,采用的开发软件不一致、数据标准不统一,在全校范围内形成一个个信息孤岛和应用孤岛,难以实现信息共享、业务联动以及部门之间的协同工作,制约了高校管理信息化的进一步发展。

2002~2009年,一些高校开始探索解决信息孤岛的方法,进行信息化整体设计,为解决信息孤岛问题展开探索,并积累了如下具有可操作性的建设经验。

一是顶层设计、分步实施。基于整体规划校园信息化的中长期建设目标,逐层分解;制定可行的分步实施方案,逐步完善;以教学科研为核心,突出使用价值。二是信息标准为先导,支撑平台集中。遵循相关国家标准的基础上建立全校范围的信息标准,保障可持续发展。三是软硬件环境集中建设,统一集中管理。建设数据机房、虚拟化软件环境,可在加速信息化建设的进度和水平的同时实现资源共建共享,大幅提高投资效益。四是长期运维保障,体现使用价值。长期运维保障可以有效提高信息化的服务能力和服务水平,延长软件系统的生命周期,最终体现信息化应用系统的使用价值,而学校的信息技术组织架构、人力编制、技术水平、合作模式、持续投入都是长期运维保障的必要条件。

通过以上经验方法,大部分高校开始建立统一门户,逐渐实现各系统之间在数据层、业务层、表示层的整合,实现了一定程度的工作协同。高校信息门户是面向教师、学生、员工和校友的大型网站,现阶段门户技术包括统一身份认证、集成服务、安全访问控制和授权管理等,实现了应用集成和信息集成,可进行内容管理和知识管理,为各类用户提供业务操作的统一入口。从信息门户建设调查数据来看,超过半数以上(66.95%)的被调查高校已经建立了集成度较高的校园门户系统,其中83.93%的

"211"院校已经建立集成校内各种信息资源的校园信息门户,有 63.71% 的普通高校和 50% 的高职高专也已建立集成化的校园信息门户。在已建立校园信息门户系统的学校中,集成决策支持系统和办公自动化(Office Automation, OA)系统的学校最多,分别达到 91.6% 和 81.09%;教学管理系统和学生管理系统的集成度也较高,分别达到 59.66% 和 46.64%,[①]如图 2-5 所示。陆续开始有一些高校在探索更高层次的数据集成和云服务应用集成。

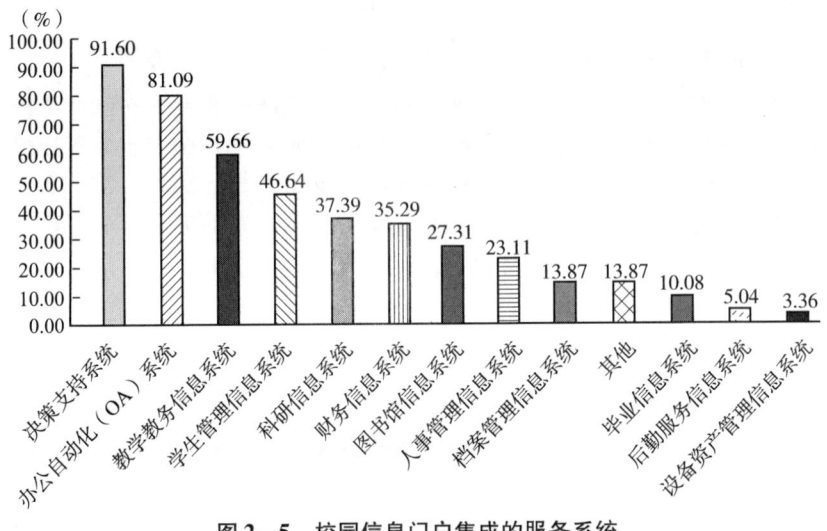

图 2-5 校园信息门户集成的服务系统

2.2.2.4 基本管理信息系统已具备,应用系统发展不均衡

高校各职能部门的管理信息系统通常是最先得到建设的,财务系统、人事系统、学籍管理系统、教务系统在各大高校均已运作起来,但相关业务的应用系统建设并不均衡。

教学信息化应用建设水平参差不齐,利用网络平台的辅助教学还没有得到学校足够的重视,表现在网络教学平台上的课程数偏少。科研信息化应用水平低,科研项目协作交流平台和科研知识共享平台的建设缓慢,仅有约 1/4 的学校对此项建设较为重视。电子校务应用中,部门与部门之间

---

① 教育部科技发展中心编著:《高等教育信息化发展研究报告(2015)》,清华大学出版社 2015 年版。

的信息共享与交流自动化程度低，很多学校管理部门之间的信息交流还依靠单纯的人工方式，特别是后勤管理、档案管理和校友管理等部门信息化程度落后。

教学资源建设与科研资源建设相对于图书馆电子资源建设来说，投入较少；已有资源的整体应用水平还有待提高；各省市的建设水平存在比较大的差异；专科院校以及规模较小的学校资源建设投入力度太小。

2.3 高校信息化战略规划及保障机制状况

经过二十多年的信息化基础设施建设，我国大学已经步入以业务信息化应用为核心的发展阶段。不管是"985"高校、"211"院校，还是一般本科院校、高职高专，也不管是发达地区还是不发达地区的高校，都在教育信息化保障体系建设方面进行了积极的探索和发展，信息化日渐成为大学的"一把手"工程，如何完善我国大学信息化体制，促进信息资源的整合与共建共享，成为大学信息化深入发展的现实需求。

2.3.1 高校信息化规划逐渐受到重视

高校的信息化规划分为信息化战略规划和信息化建设规划两种，信息化战略规划为纲，建设规划为目，纲举目张。但是，前期建设中，我国高校信息化面临的比较突出的一个问题就是总体规划不尽合理，没有针对性或不能适应学校的发展，造成几年之后就要重新制定新规划，或重复建设，或停滞建设等。这主要是由于我国高校信息化建设规划往往由信息化部门提出，信息化战略规划需要上升到学校层面，由校级领导主持，形成跨部门的规划制定小组，从与学校战略发展目标相适应的角度，制定出适合本校的信息化战略规划。相比国外高校信息化管理体制中都设有首席信息官，由首席信息官引领高校的信息化部门，能够高瞻远瞩、合理规划，制定出可持续化发展的规划。目前，国内少数高校也开始尝试这种管理体制，绝大多数的学校逐渐开始由校级领导分管信息化，负责制定全校的信息化总体规划和顶层设计、信息化相关政策和规范，以及经费预算等。超过80%的高校都指派了一名副校长来负责本校信息化建设，可以说总体上已经比较重视，但真正投入精力的主要领导还不太多，对信息化的认识

"虚"高，口头上都很重视，但是很少优先投入资源，很多高校信息化处于推而不动、推而缓动、慢动的状态，也就是说信息化总体工作并没有得到系统化的重视，这显然会影响校园信息化的发展速度和应用水平。

2.3.2 信息化相关部门日渐融合，功能明确

信息技术不断发展，在高校管理和服务过程中的作用日渐凸显，为消除信息技术资源分散、信息孤岛与重复建设等痼疾，高校信息化相关部门功能逐渐明确：校级领导层面或信息化工作领导小组将信息化建设与应用的规划上升到学校发展的战略高度，进行总体规划和设计；精通信息技术软件的开发应用、信息技术系统架构的信息化部门负责项目实施；财务部门负责经费的预算、划拨和日常支付；对学校业务流程非常熟悉的业务部门负责需求分析并参与协调，各方力量互相融合，共同保障高校信息化建设实施。大部分高校建立了信息化管理部门，例如，复旦大学在2001年7月率先在全国高校中成立了实体化的信息化办公室；北京大学2005年11月成立信息化建设与管理办公室；等等。虽然从实体部门的角度看，比例还是偏低，但在管理层面发挥作用，协调信息化部门和业务部门的工作，促进形成良好协调配合的局面上，发挥了积极的作用。伴随着"互联网+高等教育"的深度融合，高校信息化建设通常需要强有力的管理机构来推进学校信息化战略，并组织管理各项信息化工作，校领导直接管理的一级部门能更好地发挥作用，应对建设管理过程中的协同问题。

2.3.3 专业的信息化人才队伍逐渐形成

信息化时代，人才资源是重要的战略资源，信息技术领域的人才队伍是社会信息化的关键。高校信息化建设中，信息化工作领导小组是信息化规划的前提，没有信息化建设队伍就不可能成功开展信息化建设。通常一所学校的信息化队伍不仅包括信息化部门人员组成，还包括分散在各院系和部门为院系和部门提供信息化服务的专职人员。

高校对信息化支撑队伍普遍重视不够，虽然信息化部门的人员编制明显扩张，与信息化建设发展趋势一致，但没有支持队伍建设可持续发展的政策，人数规模不足、结构不合理、支撑能力不够强，以致稳定困难。从全国范围来看，"211"院校中信息化部门人数最多，其次是一般本科院校

和高职高专；超过80%的"211"院校拥有16人以上的专业技术人员，拥有本科和硕士学位的人员较多，达到40%左右。[①] 高校对教师队伍信息化素养提高的重要性认识还不够，教师的教育技术培训推进缓慢。但也有一部分高校信息化意识较强、信息化投入较高，为推进信息化建设水平，对校内的信息化建设队伍都有不同的鼓励和激励措施，对信息化技术提高和人员的培训、进修机会都加大了投入力度，在职称评审和晋升有了更多的机会，学校提供必要的项目支持，定期开展表彰大会以及开展信息化推广活动，在信息化方面有多年的耕耘，建立了一支比较大的运行服务队伍，使得信息化能够可持续发展。

2.3.4 信息化经费投入趋于稳定

政府部门和高校对校园信息化工作不断加大投入，更多的高校制定了整体建设规划和财务预算，高校资金来源主要有学校划拨的信息化项目经费和学校信息化建设常规经费。当前，大多数高校，尤其是"211"院校的信息化投入较高，资金的支持、高校的重视加速了信息化建设的步伐，部分高校开始将信息化经费单独预算，但总体投入仍然不够。从效果上看，缺乏统筹有效的投入机制，在投入内容上，重建设轻应用的现象也普遍存在。一般来说，建设经费主要采用的是项目制，这种方式的弊端就是分批建设的信息系统孤岛现象严重；购买云服务的理念尚未成型，机制尚不顺畅；部分学校解决了运维经费问题，但大多数学校尚未列入常规预算，多采用自主运维模式，人员队伍水平难以满足日益繁重的运维工作。

根据2016年《"互联网+"时代中国高校信息化建设现状及发展趋势报告》，金智研究院调研的全国297家高校信息化总体投入水平看，平均水平达到600万元左右。在千万元以上的学校达到70家，占23.6%，最高的学校达到3000万元以上；然而，贫富差距较大却是不争的事实，投入最少的学校仅有10万元，总投入在100万元以内的34家，占11.4%。尽管信息化投入存在一定的周期性，但仍然不能掩盖学校之间的不平衡状况。普通本科院校2016年信息化总体投入接近700万元，高于整体平均水平；高职高专院校2016年信息化总体平均水平不到500万元。在投入比重上，设施类项目增加的经费有所下降，信息化技术提高以及人员培训

[①] 教育部科技发展中心编著：《高等教育信息化发展研究报告（2015）》，清华大学出版社2015年版。

方面都加大了投入。

  总的来说，我国高校信息化发展处于平台期：只有少部分（不到10%）信息化先进高校基础设施基本完善，数字资源较为丰富，网络教学平台、电子校务系统和统一的信息门户基本建立，教学应用得到一定程度的发展，保障措施日趋完善；绝大多数高校处于信息化平台期或欠发展阶段，基础设施基本建立但不充分，电子校务系统分散建设各自为政，数字资源发挥作用有限，教学应用零星开展但缺乏有效组织，有的学校建立了门户框架但整合不了应用，保障措施不到位，教育信息化的绩效没有彰显。要想推动信息技术与教育教学的全面深度融合，以信息化引领教育理念和教育模式的创新，充分发挥教育信息化在教育改革和发展中的支撑与引领作用，是未来一段时间教育信息化工作的重要目标。

第3章

"互联网+"背景下的高校信息化面临的机遇与挑战

3.1 "互联网+"简介

"桐花万里丹山路,雏凤清于老凤声",正所谓"长江后浪推前浪,一浪更比一浪高",雏凤必然比老凤要更优秀,发展的新事物必将替代旧事物,科技也不例外。从原始社会到如今的现代社会,人类迈进了电子计算技术的时代。回顾历史,人类曾经历过四次重大技术革命,工业革命时代,蒸汽机和铁路时代,电力、钢铁和重型机械制造时代,汽车和大规模生产时代。第五次技术革命,是以电子和信息技术为标志,随着互联网技术的普及和移动互联网的发展,人类进入了21世纪的数字、互联网、大数据、人工智能的高科技时代,并向第六次科技浪潮——新生物学革命智能化和新物理学革命的体验化迈进。科技不断地蓬勃发展,人工智能、虚拟现实技术等多种最新突破性技术,必将颠覆性改变人类生活的方方面面。

随着云计算、物联网、移动应用、大数据、移动互联网等新一轮社会生产变革的浪潮汹涌袭来,科技进步对社会发展的突破性革新日趋深入。在互联网时代的驱动下,各行各业都争先恐后地加入新科技、互联网时代的大军中。而"互联网+"就成了这一时代浪潮下的新兴热词。

3.1.1 "互联网+"的概念

"互联网+"是对创新2.0时代新一代信息技术与创新2.0相互作用

共同演化推进经济社会发展新形态的高度概括。它是指，以互联网为主的一整套信息技术（包括移动互联网、云计算、大数据技术等）和互联网思维在企业发展各环节的融合、渗透、延伸、演进①。

"互联网+"代表着一种新的经济形态②，它指的是依托互联网信息技术实现互联网与传统产业的联合，以优化生产要素、更新业务体系、重构商业模式等途径来完成经济转型和升级，目的在于充分发挥互联网在信息交换和数据收集使用方面的优势，将互联网与传统产业深入融合，以产业升级提升经济生产力，最后实现社会财富的增加。

关于其概念界定，中国工程院院士、中国互联网协会理事长邬贺铨③指出，"互联网+"是互联网功能增强和应用的拓展，是互联网化的新阶段。李彦宏④认为"互联网+"意味着互联网和其他传统产业相结合的模式。

3.1.2 "互联网+"的由来

3.1.2.1 易观国际集团首次提出

"互联网+"理念最早可以追溯到2012年11月14日，易观国际集团的创始人、董事长兼首席执行官于扬在第五届移动互联网博览会上，提出移动互联网的本质离不开"互联网+"。于扬指出："在未来，'互联网+'公式应该是我们所在的行业目前的产品和服务，在与我们未来看到的多屏全网跨平台用户场景结合之后产生的这样一种化学公式。"

3.1.2.2 马化腾对"互联网+"理念的提倡

2013年11月，腾讯公司董事会主席兼首席执行官马化腾和马云、马明哲在上海成立众安保险时，马化腾提出："互联网加一个传统行业，意味着什么呢？其实，代表了一种能力，或者是一种外在的资源和环境，对这个行业的一种提升。"国内"互联网+"理念的提倡，得益于腾讯创始人马化腾。

---

① 辜胜阻、曹冬梅、李睿：《让"互联网+"行动计划引领新一轮创业浪潮》，载《科学学研究》2016年第2期。
② 曹国伟：《"互联网+"代表的是一种新经济形态》，载《金卡工程》2015年第3期。
③ 邬贺铨：《从互联网到"互联网+"》，载《人民政协报》2015年4月9日。
④ 李彦宏：《让线上生意线下体验无缝对接》，载《人民日报》2015年4月30日。

2013年11月，在腾讯WE大会上马化腾再次系统阐述了对互联网与传统产业关系的看法："+"是指传统行业的各行各业，而"互联网+"是未来的一个大趋势。

2015年3月，马化腾在《关于以"互联网+"为驱动，推进我国经济社会创新发展的建议》中指出，"互联网+"是以互联网平台为基础，利用信息通信技术与各行业的跨界融合，推动产业转型升级，并不断创造出新产品、新业务与新模式，构建连接一切的新生态。

2015年4月，在腾讯的"互联网+"中国峰会上，马化腾首次比较详细地谈到"互联网+"。他在主题演讲中表示："互联网与传统行业融合是新的'信息能源'再进一步拓展，其实互联网和传统行业不断的融合，它是不是和前面蒸汽机和电力一样也是一种能源形态呢？今天我们把它定义为一种信息能源。这样的话，所有的行业都应该很清楚，完全可以把'互联网+'这个新的行业融入自己的行业当中，如果你不这么做，你在你所处的产业和行业就会落伍和被淘汰。"

2015年5月，马化腾还把他的实践和想法写成书——《互联网+：国家战略行动路线图》。他在前言中指出，互联网不仅仅是一种工具，更是一种能力，一种新的DNA，与各行各业结合之后，能够赋予后者以新的力量和再生的能力。如果我们错失互联网的使用，就像第二次产业革命时代拒绝使用电能。

2016年6月，由腾讯公司主办的中国"互联网+"峰会在北京隆重召开。马化腾在会上进行了主题为"'互联网+'时代的连接升级"的演讲。在2015年的峰会上，马化腾曾提到，互联网本身是一个技术工具、是一种传输管道，"互联网+"则是一种能力，而产生这种能力的能源是什么？是因为"+"而激活的"信息能源"。马化腾在本次演讲中表示，从这个角度出发，过去的一年中通信、金融、零售、O2O、交通领域都发生了巨大的变化。

3.1.2.3 政府的"互联网+"行动计划

随着信息化时代全面到来，李克强总理于2015年3月5日首次在《政府工作报告》中提出了"互联网+"的概念，并明确提出：要制订"互联网+"行动计划，推动移动互联网、云计算、大数据、物联网等与现代制造业结合，促进电子商务、工业互联网和互联网金融健康发展。并突出了互联网在经济结构转型中的重要地位，至此，"互联网+"战略上升到国家层面，其已经纳入今后若干年内我国经济建设发展的重要方向，也体现了国家对互联网、移动互联网等新兴行业的重视程度。如今，互联网＋传统医疗、互联网＋传统金融、互联网＋传统安防、互联网＋传统媒体……各种"互联网＋"产业正如雨后春笋般兴起，互联网正在改变传统行业的形态以及我们的生活方式。

"互联网＋"理念的全面普及得益于国务院总理李克强2015年3月5日在十二届全国人大三次会议上作的《政府工作报告》。报告中，李总理首次郑重提出了"'互联网＋'行动计划"。自此，"互联网＋"成为新兴热词。4月23日，李克强在福建考察时指出，"互联网＋"未知远大于已知，未来空间无限；每一点探索积水成渊，势必深刻影响并重塑传统产业行业格局。

2017年1月17日，国家主席习近平在瑞士达沃斯举行的世界经济论坛2017年年会开幕式上发表的题为《共担时代责任共促全球发展》的主旨演讲。在演讲中就经济全球化、世界经济困境等问题宣示了中国主张和中国方案，明确提出将深入实施"互联网＋"行动计划，着力提升经济增长质量和效益。

2017年3月5日，国务院总理李克强发布《政府工作报告》，报告三次提及"互联网＋"，一是落实"互联网＋"行动计划；二是大力推行"互联网＋政务服务"；三是发挥大众创业、万众创新和"互联网＋"集众智汇众力的乘数效应。于是"互联网＋"的热度不断升温，各行各业开始重新审视其在与互联网的交融互联中实现价值增值的种种可能性，其中被认为市场潜力巨大的教育行业也概莫能外。

3.1.3 "互联网＋"的内涵

3.1.3.1 "互联网＋"的深度解读

"互联网＋"概念来自国内互联网领域领先企业的实际产业实践过程中，决定了"互联网＋"具有极强的现实背景和实施基础。"互联网＋"与先前的"互联网思维"有很多继承和发展，目前对于"互联网＋"的解读层出不穷，互联网行业、传统行业、政府、科研人员等都从不同角度对"互联网＋"做了解读、扩展和深化。

目前，对"互联网＋"的各种解读基本上认同两点：一是"互联网＋"

是在互联网基础上各类信息技术支撑下产生和发展的，这些信息技术包括云计算、物联网、移动互联、大数据分析、人工智能等。二是"互联网＋"是网络信息技术与经济、社会生活的各行各业相融合的过程，是升级和改造传统行业、催生和创造新型行业的过程。"互联网＋"不是物理反应，而是化学反应。

3.1.3.2 "互联网＋"的主要特征

"互联网＋"在组织上以网络化和扁平化为主要特征，在工作模式上以云端化、移动化、协同化为主要特点。在"互联网＋"中，创新模式是以"快速迭代"为显著标志，以"用户需求"为中心，以"促进和优化资源调配"为目的，迅速响应和满足用户需求，并通过开放开发接口、共享和开放运行平台，营造完整的生态环境，推动"生态协同式"的产业创新。

3.1.3.3 "互联网＋"的具体含义

"互联网＋"的内涵不同于传统意义上仅注重技术的信息化，或者说互联网重新定义了信息化，"互联网＋"更注重人，提倡以平台经济为主要模式，以消费者的需求为中心，为消费者带来更方便、更快捷的消费体验，满足个性化需求。在信息通信技术普及、应用的前提下，释放出信息和数据的流动性，促进信息（数据）跨组织、跨地域的广泛分享使用。

具体而言，"互联网＋"[①] 以云网端为基础设施，以大数据为新生产要素，以大规模社会化协同的分工体系为支撑，具有平台经济、贴近用户等特点，是我国工业化和信息化深度融合的"升级版"；"互联网＋"是现实的物理运动空间与虚拟的智能网络的结合；"互联网＋"运用在存量的实体经济中，将促进企业转型升级与产业结构调整优化；"互联网＋"运用在增量的新创企业中，将进一步推进"大众创业、万众创新"；"互联网＋"运用在经济绿色化方面，会推动经济的绿色集约式发展。

本质上来看，"互联网＋"实际上是"互联网＋X"，X 就是指各行各业，即工业化下的各行各业，但这仅仅是对这个概念的字面解读，事实上，"互联网＋"的概念已远远大于"互联网＋传统行业"，这在我们现实生活中已充分体现。"互联网＋"的"＋"，不仅仅是技术上的"＋"，

---

① 辜胜阻、曹冬梅、李睿：《让"互联网＋"行动计划引领新一轮创业浪潮》，载《科学学研究》2016 年第 2 期。

也是思维、理念、模式上的"＋"，以人为本推动管理和服务模式创新与创业是其中的重要内容。

不是"＋互联网"的"互联网＋"，它代表了一种新经济形态，即充分发挥互联网在社会生产要素配置中的优化和集成作用，将互联网创新成果深度融合于社会经济各领域之中，提升实体经济的创新力和生产力，形成以互联网为基础设施和实现工具的经济发展新形态。而"互联网＋"的本质，则是传统产业经过互联网改造后的在线化、数据化，其前提是互联网作为一种基础设施的广泛安装。"互联网＋"仰赖的新基础设施，可以概括为云（云计算和大数据基础设施）、网（互联网和物联网）、端（直接服务个人的设备）三部分，这三个领域的推进将决定"互联网＋"计划改造升级传统产业的效率和深度。

3.2 "互联网＋"背景下的高校信息化

随着互联网相关技术的高速发展，以及源自政府的支持举措，使得"互联网＋"的热度不断升温，各行各业开始重新审视其在与互联网的交联互融中实现价值增值的种种可能性，其中被认为市场潜力巨大的教育行业也概莫能外。"互联网＋教育行业"不是互联网和教育行业的简单结合，而是在实现安全、移动等网络技术水平上，被用户熟悉接受后，自然而然为适应新的需求而产生的新模式及新业务，是传统教育行业与互联网技术相结合的新兴领域。在"互联网＋"大趋势下，高校信息化建设作为网络和信息技术与高等院校各项组织职能之间的交汇点，在起到桥梁和纽带作用的同时，也深刻地感受到"互联网＋"带给高等院校和高校信息化建设的机遇与挑战。

"'互联网＋'背景下的高校信息化"是指要将互联网技术与常规高校的教学、管理、服务、科研深度融合，从而促进教育数字化、信息化，服务人性化、智能化，管理科学化、可视化的一种高等教育新形态。旨在利用新的技术形态、数据形态、组织形态与关系形态，实现传统大学信息化建设的重塑。"互联网＋"落实到高等院校，关键就是以信息化推动教学、科研、管理、社会服务等核心业务，提升效率、共享资源、简化管理，优化服务。

高校信息化的发展主要包含两个阶段：第一，数字校园。以互联网为技术支撑，在数字化信息和全面覆盖的校园网络基础上，在全校范围大规模部署各类硬件设施的前提下，建立起集教学、管理、科研、服务等校园信息为一体，使数字资源得到充分利用的一种教学环境。以数字校园构建的组织、管理和信息技术为基础，形成资源高度集中的初级管理信息系统，实现以应用为导向的原始数据再加工。第二，智慧校园。随着智慧校园的管理信息系统日臻完善和成熟，智慧校园更加强调数据和业务的深度融合，强化以大数据技术为依托的数据采集分析和数据挖掘，强调更加智能、便捷、以人为本的学习、科研、工作、生活全方位的管理和服务。因此，高校信息化的高级形态和当前目标是"互联网+"时代的"智慧校园"。

智慧校园是对数字校园的进一步延伸与提升，是教育信息化的高端形态，强调以人为本、深度融合，力争构建"绿色节能型、科学决策型、平安和谐型、服务便捷型"校园。以构建主义为依据，以物联网、移动互联、云计算、3D打印、智能感知、大数据、商业智能、社交网络等新兴信息技术为支撑，构建便利、效能、全面感知的校园环境；提供融合网络、技术、服务为一体的智能化管理；实现以人为本的个性化创新服务。

智慧校园囊括了许多功能模块，例如，智慧课堂、智慧实验室、智慧教管、智慧节能、智慧校安、智慧家校互联等。其典型特征为环境全面感知、开放学习环境、网络无缝相通、海量数据支持、师生个性服务、智能终端广泛应用以及业务应用职能融合等。

3.2.1 "互联网+"下高校信息化建设机遇

"互联网+"是网络和信息技术推动下的经济社会各个方面的提升和变革，正不断改变和革新传统的教育方式。在"互联网+"所带来的大数据时代背景下，移动互联网、在线学习、云计算、大数据、社交媒体等新的信息技术和应用，必将促进高等院校教学模式、学习方式、教育管理和社会服务的转变，为高校信息化从数字校园向智慧校园转型带来了新的机遇。

3.2.1.1 创建智慧化校园环境

数字化校园中，网络技术和多媒体技术相结合为高校师生提供了丰富的在线教学资源和学习资料，但是，虚拟的学习环境难免存在些许弊端，特别是缺乏真实的可触碰性。"互联网+"来袭，平安校园、节能校园、移动校园是当前各大高校正在规划和建设中的项目，物联网、移动互联等技术能够通过无处不在的感知平台和系统，实现人与人、人与现实世界的物品、物品与物品之间的互联和共享；实现对用户个体特征、习惯、态度等的感知、捕捉和传播；实现物理空间与数字化信息空间的互联，使虚拟学习环境与真实空间真正有效地整合。从考勤、安保等方面为校园的可视化管理奠定了基础。此外，物联网与常规在线教学平台相结合，为跨距离开展实践教学活动提供了智能化环境。

对于基于管理推动或者技术推动的信息化建设模式来说，"互联网+"对于从技术角度促进信息化水平提升已经提供或持续开发各类信息应用和解决方案，将有力地提升高校信息化建设在学校治理过程中的核心支撑甚至是引领作用。

3.2.1.2 倒逼高等教育教学变革

"互联网+"为中国高等教育改革和发展提供了新的机遇。"互联网+教育"已成为教育界，乃至整个社会的重要话题。"互联网+课程""互联网+教学""互联网+学习""互联网+评价"等教育领域的"互联网+"分概念都集中在如何提高和保证教学质量上。教育信息化已成为国家战略，作为教育信息化核心内容的教学信息化更为教育界所关注。了解高校教学信息化的现状，探求推进教学信息化的对策，对提高高校教学质量，具有重要意义。

互联网+教育=智慧教育，当前大数据、物联网、云计算等现代信息技术正全面深入地向教育领域融入，新技术促进并引领着我国高等教育的教学模式、考核模式、运维模式等多种教育模式的改革。平安校园、绿色校园、智慧教学、智慧图书馆等是未来高校的发展方向，成为未来高等教育的"新常态"。

互联网+在线教学=大规模在线开放课程、教学资源平台、微课、慕课等诸多全新的概念，以先学后教为特征的"翻转课堂"真正成为现实，教学中的师生互动不再流于形式。通过互联网，完全突破了课堂上的时空限制，学生可以随时随地随心地与老师交流。

互联网+在课堂教学方面，互联网技术、物联网技术、数字制造技术、3D打印技术、智能制造技术、大数据、云计算、虚拟仿真技术等为课堂教学内容提供了新思路，有利于化抽象为具体、化烦琐为简易，特别是为危险性大、可重复性差的实验内容教学提供了新的思路。信息技术为教师开展参与式、探究式、启发式和讨论式教学带来了便利，有利于建立以学生为中心的教学模式。

互联网＋学习＝个性化学习，通过互联网，学生学习的主观能动性得以强化，也改变了教师的学习态度和方法，成为学生的合作伙伴，与他们共同进行探究式学习。尽管在教育方面，人们始终认同因材施教的教学理念，高等教育则更加强调学习者的主体地位。但由于固有教学体制的限制，各大高校实际上普遍采取的还是相同的教学目标、"一刀切"的教学方式、统一的学习评价和考查标准，不利于学习者的个性化学习。当下的新兴互联网教育模式，恰好为学习者的个性化学习开辟了新的空间，提供了新的技术解决方法和手段。移动互联网和移动终端的快速发展有力地推动了泛在教育的发展，慕课、微课等的应用不仅可以满足人们课堂以外的个性化和碎片式学习需求，同时能够满足网络教育、远程教育、互动式教育等需求。网络具有强大的交互功能、推动优质资源共享，打破了学生在线学习的时空限制，为学生的个性化学习创造了条件。

互联网＋评价＝网评，通过网络平台，教师的信息组织与整合、教师教育教学研究成果的转化、教师积累的经验通过互联网获得共享的程度等，都将成为教师考评的重要指标。在"互联网＋"时代，每个人都是评价的主体，也是评价的对象，而社会各阶层也将更容易通过网络介入对教育的评价。此外，"互联网＋"评价改变的不仅仅是上述评价的方式，更大的变化还有评价的内容和标准。

当"互联网＋"以各种方式渗透到高校日常工作和活动中，就意味着"智慧校园"的时代正向我们走来，高等教育只有顺应这一时代的需求，大胆改革创新，才能走向新的境界。高校信息化更是推动、提升高等教育变革的平台和动力。

3.2.1.3 带动科研的划时代发展

科研信息化最典型的表现形式就是利用互联网信息技术实现对科研数据的有机整合与高效利用。分布式计算、大数据技术的涌现为现代科研的理论分析、实验观察、计算流程提供了更好的数据支撑系统，对促进科研新发现、解决科研难题、找寻科研规律等具有划时代的意义。

"互联网＋"推动了科研技术手段的革新，同时也敲开了封闭式科研的大门，推动了科研协同创新模式和科技成果的转换。

大学按学科门类、学科大类或专业设置院和系所，学科泾渭分明，条块分割。学科细化和研究的各自为政将科技创新人为划分为众多小块。当面临产业重大需求的战略性调整时，现有科研存在不适应、不满足现象，难以很好解决技术创新产业化问题。互联网分布架构和开源创造的特点使得互联网时代的高校科研能充分利用横向力量打破科研和学科发展的条块分割，突破地域和组织机构的边界，促使科技创新组织模式由纵向金字塔等级模式转变为日趋扁平化、网络化的横向分布式协作模式。嵌入网络的每个对象是既分工又协作的关系，从而使科技创新的组织模式由封闭与离散走向开放与协同。研究者来自不同领域，以分布式方法共享知识和信息，研究不再拘泥于封闭的小圈子，学术视野更为开阔，在学科交叉融合部分涌现创新。通过吸收各方参与的力量和协同创新精神，高校科研实现跨部门、跨领域、跨区域、跨行业的协同创新。

"互联网+"时代高校的科技成果转化也将深入应用互联网思维，将互联网与高校科技成果转化相结合，通过在线技术交易模式精准对接市场需求与高校研发力量，促进高校科技成果转化。利用"互联网+"精准对接高校科技成果转化供需方。利用"互联网+"连接各类科技成果转化平台、技术市场平台、中小企业创新平台和院校技术转移平台，将"企业圈"与"技术圈"精准对接。

"互联网+"趋势下，高校科研需要把握机遇，尽快升级科研管理系统平台，利用互联网连接一切的特性，大力拓展科研合作交流，推进协同创新。同时，"互联网+"加快了高校了解市场需求的步伐，促进了科研成果的更新换代，为高校加快科技成果转换提供了更多的机会。

3.2.1.4　促进教学科研资源共享

互联网技术催生的高度共享的在线教学资源为各方面的细分领域提供了交流和学习的资料库，可以更好地实现硬件资源、数据资源、软件资源和教育资源的共享；借助云计算技术，不仅可以将本地资源云端化，整合分散的区域教学资源，还能实现对全球的数字化教育资源的利用，最终实现视频直播、互动、点播、网络教研为一体的教学视频资源共享。互联网技术的发展，促进了教育资源的共享和发展，更好地发挥教育资源的作用。

在"互联网+"背景下，我们应充分利用高速发展的互联网技术共同参与教育资源的共建与共享。做到互联互通，积极投入到教学资源建设中,加大对教育资源的推广和应用,提高网络学习资源的共享水平。教学资源的共建与共享已经逐步得到教育管理部门和高校的高度重视。教育部早在2013年工作要点中就提出要以教育信息化扩大优质教育资源共享,要完成教学点数字教育资源全覆盖、启动实施"宽带网络校校通",加快推进"优质资源班班通""网络学习空间人人通"。推进国家教育管理信息系统与公共服务平台建设,初步建成教育机构与学生基础数据库并提供服务,加快建设高等学校精品视频公开课和精品资源共享课。

近几年来,随着互联网技术发展和多媒体教学普及化,特别是依托"互联网+"、云计算、大数据等科技创新手段,突破了课程、学科、学校、地域乃至时空等局限,为教师教育课程资源的开发和利用创造了非常好的条件。诸如,"互联网+课程资源"形成了资源共享课、视频公开课、MOOC等网络课程资源,将国内外优质的课程教学通过网络呈现给学生,使得学生课程学习内容和方式趋于多元化。又如,依托网络教学平台建设的虚拟学习共同体,有助于师生以平等的身份开展对话、讨论和交流,进行自由的、有深度的心与心的沟通与互动,让学习过程充满智慧的碰撞,焕发出生命的活力。

我们还应搭上互联网技术发展的快车,进一步探索网络学习资源的共享机制,不断进行网络学习资源的合作开发及共建,提高网络学习资源建设质量,实现世界范围内高校间学习资源的共享,产生共享的规模效益,降低教育成本,最大限度地满足高校师生对教育资源的需求。

3.2.1.5 推进创业就业模式改革

"互联网+"经济模式的长足发展已成为当前我国国民经济新的增长点,于当今高校毕业生就业创业而言,亦成为新的突破口和引人瞩目的亮点,"互联网+"为大学生提供了更大的就业创业平台,提供了更多的就业创业机会,也提供了更加平等的就业创业环境。

随着互联网技术的日新月异,特别是移动互联网技术的强劲发展,已经悄然改变了人们的生活状态并越来越为社会公众广泛而深入的接受。互联网技术深深嵌入经济社会生活的方方面面,改善了传统生活中衣、食、住、行、游、购、娱、学等诸多问题,也因此创造了大量的就业创业机会。例如,"饿了吗"App的出现消除了吃饭与"最后一公里"的距离;"滴滴打车"App的出现消解了出租车司机候客与乘客候车的时间、空间差异。和传统的创业相比,"门槛"更低,更加适合刚出校门缺乏社会经验和资金的大学生。我们应看到,"互联网+"时代始终为拥有发现问题的眼光和解决问题的创业者提供了成功的机会。

中国信息通信研究院发布的《2016年微信社会经济影响力研究报告》中指出,截至2016年12月,微信带动社会就业规模达1881万人,同比增长7.7%。其中,直接就业466万人,间接就业1415万人。近5年来,腾讯开放平台的应用软件量超过了300万款,这些软件包含娱乐、生活、教育等很多领域,创业总数达到了600万人。可以发现,这些取得了巨大商业成功的互联网应用,仅互联网应用软件本身的研发、运营维护等工作已经向社会提供了大量的专业技术岗位,加之其上下游产业链的储备,就业岗位数量相当可观。

互联网是个开放式的平台,互联网的开放与包容有效消除了时间、空间、身份等因素的差异,为大学生提供了更加平等就业创业环境。以就业创业环境中的性别差异为例,传统观念中女性处于就业创业不利地位的情形正在改变,随着"互联网+"创业潮的兴起,越来越多的女性创业者投身互联网,正通过移动互联网、电商平台等,获得全新的创业机会。相关数据显示,新兴市场中有30%的小微企业由女性企业家创办。阿里巴巴上开店的卖家中55%是女性,在女装等女性用品频道上大概有100万家女性创业者开办的网店,是男性创业者的5倍。①

同时,物联网技术、3D打印技术、智能制造技术、O2O创客平台等,也为大学生开展创新创业实践活动提供了新的空间。在线教育可汇集行业企业的人力资源,包括知名企业家、各行业领军人物、技术技能专家等,打造校企共同体的人力资源平台,学生可以借助平台与行业企业的专家、领军人物、成功人士进行交流和互动,获取知识和经验,以更好地适应社会发展需求。因此,"互联网+"对促进学生就业创业具有非常重要的意义。

3.2.2 走向"互联网+"的高校信息化建设新趋势

随着云计算、大数据、物联网、移动互联网等新兴技术的成熟和应用,新技术不断与高校实际应用深度结合,高校信息化建设迈入了新的发展阶段。2015年《政府工作报告》中提出了"互联网+"行动计划和

---

① 闫旭瑞、贺瑞凰:《"互联网"时代的大学生创业就业》,载《科学与财富》2016年第29期。

"互联网+"战略部署,指出国民经济和社会发展各领域信息化建设都发生了显著变化,并要用"互联网+"引导我国信息化建设和发展。因此,高校信息化的发展方向,也会朝着"互联网+校园""互联网+教学"等方面进一步深入推进。基础设施、信息环境、应用能力、资源整合和发展前景是高校信息化竞争力的关键指标,结合校情在这五方面进行统筹发展是提升学校教育信息化竞争力的有效方式。在国家"十三五"关于高校教育信息化建设的精神背景下,笔者在此以"互联网+"教育信息化为视角,构想高校信息化的发展趋势。

3.2.2.1 以"数据治理"为核心,形成高校信息化的管理服务新形态

"互联网+"的一个核心特征,是从信息技术(Information Technology, IT)向数据技术(Data Technology, DT)的快速跨越。IT 与 DT 之间的差异不仅仅体现在技术层面,更重要的是体现在人们的思维层面。IT 时代"信息"更多地表现为一种"权力",以方便"施者"控制和管理外部世界。而在 DT 时代,数据将更充分流动与透明,在数据的利用过程中也更注重责任和体验,更加注重利他和激发包括"施者""受者"在内每一个人的活力。

从 IT 到 DT,这一转变对于高等教育而言有其深远的意义。众所周知,经过信息化建设快速发展期,各高校基本已建成了各类基于公共数据库的信息化系统,教师、学生、科研工作者都在这些平台上生成、获取、储存各类个人数据,这些数据也为个人的教学、科研、学习、生活提供了丰富的信息支撑。

而在"互联网+"校园中,数据则不仅仅是为个别人所用,也不仅仅是在某个单个的系统或平台中被生成、应用,更多地将用于为每一个个体提供校园生活方方面面的个性化服务。也就是说,在这样的校园中,每一个个体的数据对于他人而言都是有价值的,数据在为他人服务的过程中将释放更多的潜力,并最终激发整体的活力。

从 IT 到 DT,体现在高校信息化建设层面还意味着从以教和管为中心走向以人为中心。以教和管为中心最鲜明的特征即以各类系统应用为核心,校园用户的学习、工作、生活都围绕着系统来开展,其形式依系统而定,其结果是教学、科研、服务等使用场景被人为地固化,各类系统越来越庞大繁复却又被牢牢集成在一起,导致用户需要去主动适应系统,并且,很难便捷地从系统中获取目标服务,数据的利用长期处于低能或低效

状态。而以人为中心，则更强调学习者的核心地位，强调人与系统的个性化交互，强调在这一转变的过程中，各类校园应用以不同的传达形式动态地、碎片化地、按需地提供给用户，数据以高能或高效状态持续被用户所利用。

3.2.2.2 以"云网端"为依托，形成"智慧校园"的新技术支撑形态

要实现从 IT 到 DT 的数据形态的转变，需要加强"云""网""端"三者的建设和融合，整体推进新技术形态的建立。其中，"云"是指云计算、大数据，它既为"互联网+"提供了内容、数据的存储空间，又提供了针对内容和数据的计算、服务能力，并基于数据构建了能够更加反映真实状态的整体模型。过去学校只是把应用系统放在服务器上，目前的趋势是把越来越多的应用放在云端，包括 MIT 等很多学校采用了基于云的应用系统，我国的基础教育云应用与高校大数据云也正在推广尝试中。

"网"是指互联网、物联网等网络的关联、延伸、拓展，也可以理解为是"云"与"端"之间的渠道，它使得人人、人物、物物的广泛连接、交互成为可能。网络是信息化的血液循环系统，是智慧校园的"网络神经"，没有网络就无法推动信息化的大部分工作，宽带接入泛在化、移动化，才能增强校园网络的智慧性，才能随时随地地提供各类智能服务。另外，随着业务系统的增长、各部门数据共享、云计算、大数据应用、移动应用对校园网提出越来越高的要求，作为信息管理和技术支撑部门，责任和压力越来越大。在这种大环境下，SDN、扁平化管理成为趋势，网络管理也逐步智慧化。

"端"即指各类终端，既包括传统的桌面设备，也包括以智能手机、平板电脑为主要代表的移动设备、智能穿戴设备等。此外，端也指这些设备中的具体应用，如各类 App 等。用移动 OA 进行手机办公、利用移动支付进行手机缴费、利用碎片化的时间进行手机课程视频学习，校园门户也逐步从 PC 端转向手机门户——终端移动化趋势明显。端使得信息、数据能够因时因地通过不同的"触手"实现与用户的触及、激活，使用户在不同的情景中能够获得个性化的服务。将三种技术相结合，创建基于"云"的教学、学习、科研、管理、创新与互动环境。

3.2.2.3 "开放与自主"相结合，形成高校信息化建设新生态

管理推动或技术推动的高校信息化建设模式，都是以学校规划、建

设、实施和运维为基础,也就是全程由学校自身主导的信息化建设模式。虽然,部分高校在信息化建设过程中尝试过网络运维外包、采购云厂商服务等,但是,在实施过程中对于"哪些可以开放共享,哪些可以引入互联网服务,哪些需要学校自主管控等"缺少可辨识的标准。目前,"全盘自主建设"仍是高校信息化建设领域的主要模式。在以用户需求为导向的高速变化的"互联网+"下,高校信息化建设的组织、管理、实施、运维和保障等环节都显得缺少用户认同和缺乏实施效率;在以"组织扁平化"为特征的"互联网+"下,高等院校主流的树形管理体制也显得不合时宜和效率低下。

目前,不少高校在信息化建设的过程中还面临着基础设施建设不足,基础设施建设资源匮乏等原因,这成为不少高校尤其是地方院校信息化建设的短板之一。实践证明,高校信息化建设仅靠高校自身及教育主管部门是远远不够的,还需要相关的互联网企业以更加积极的姿态投入到高校信息化的建设中来,以自身独有的技术优势、成熟的服务助力高校信息化的建设,加速高校智慧校园的建成。

令人高兴的是,近几年已经有不少互联网企业已经投入到了高校智慧校园的建设中来,为高校校园的建设注入了新的血液,例如,2015年7月腾讯宣布将和国内五大高校——北京邮电大学、同济大学、华南理工大学、大连理工大学、华东师范大学签署战略合作协议,共同促进高校智慧校园建设,目前已经实现了图书借阅查询等基础服务,进一步加速了相关高校智慧校园的建设进程。

中国教育技术协会技术标准委员会正在研制的《智慧校园总体框架》智慧服务的国家标准,参与的专家来自清华大学、浙江大学、华南理工大学、暨南大学等10所国内知名高校和阿里巴巴、北京毕博、网易等8家国内顶尖IT企业,智慧校园建设需要建立在稳定可靠的技术支持和创新的构思与理念,高校和互联网企业的思想进行碰撞与融合,共同探索适合我国智慧校园的建设方向,标志着高校信息化的"开放与自主"相结合的建设模式又迈进一大步。

3.2.3 "互联网+"校园的建设思路与策略

在教育部《教育信息化十年发展规划(2011~2020年)》中提出了"加强高校数字校园建设与应用。利用先进网络和信息技术,整合资源,构建先进、高效、实用的高等教育信息基础设施"的要求,面向"互联网+"时代,为实现学校信息化跨越式发展,充分提升学校的管理和服务能力。高校信息化建设的基本原则和目标,应是"以人为本、面向服务、信息互通、数据共享",能提供及时、准确、高效、随时随地的校园信息化服务,提供满足跨部门的业务管理、面向全校用户便捷的信息服务,以期实现融合化、服务化、智能化、移动化和泛在化的数字化校园应用环境及场景。通过高校信息化建设"管理化+服务化"的思路,帮助学校实现由传统应用系统以管理为核心,转向前端以服务为核心。实现学校各类资源的整合和配置优化,提高学校的管理水平和办学效率,使高校信息化应用达到较高水平。

根据以上目标,我们设计的"互联网+"时代高校信息化建设的思路如图3-1所示。

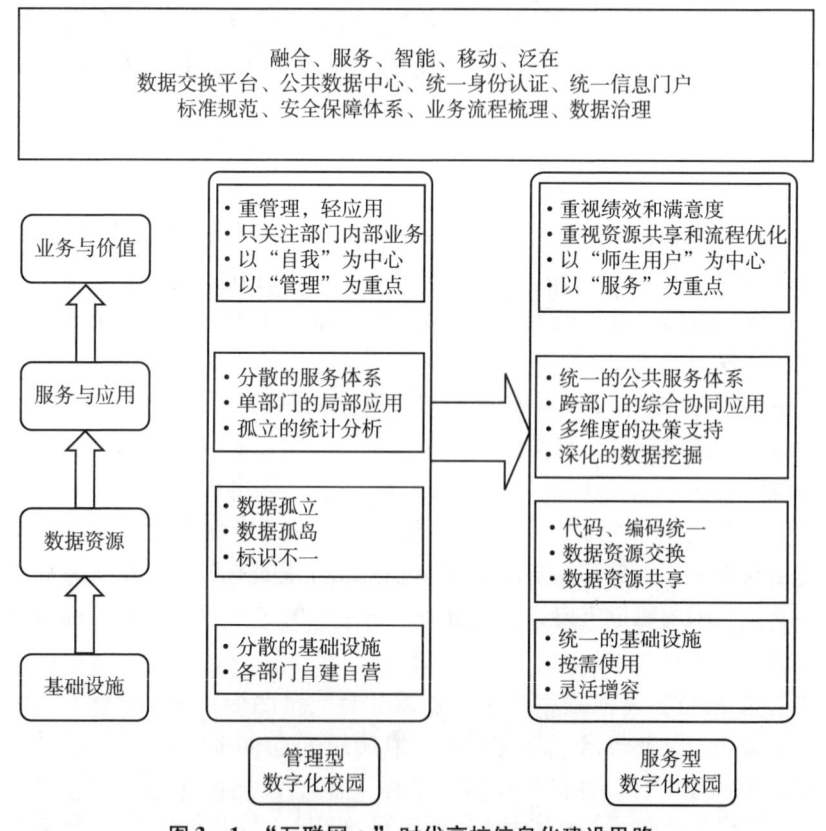

图3-1 "互联网+"时代高校信息化建设思路

高校信息化的建设，不仅仅是技术层面的问题，更是高校在有效应用互联网信息技术上的一个思路问题，因此，高校在信息化建设的过程中，首先需要解决的是建设思路问题，即当下高校信息化建设的重点以及建设过程中所应重点关注的是什么。应该说，智慧校园是教育信息化发展的一个新阶段，其前身是数字校园，与数字校园所注重的数据信息的分析、应用、共享不同的是，智慧校园更为注重师生体验、为师生及高校用户提供更加智能化、人性化的服务，其通过更为便捷先进的云计算、大数据等技术手段，将高校的教学、科研、各类应用及管理等进行有效融合，时刻体现服务的人性化、个性化、全面化、精准化。因此，未来高校智慧校园的建设应该跳出数字校园时期的建设思路，思考如何有效利用互联网技术，实现高校校园中各类主体、信息的综合化使用，为师生提供更加个性化、人性化的服务，实现智慧校园建设的初衷和最终目标，不断促进高校人才培养，这是高校智慧校园建设过程中所需要首先明确和解决的首要问题。

综合以上问题提出的校园信息化建设思路，为改变学校目前的信息化建设现状，朝着有利于提高学校教学、科研和管理水平方向发展，我们建议"互联网＋"时代高校信息化建设要重点参考以下策略。

3.2.3.1 改变信息化建设管理理念，加强内部管理机制创新

高校发展应将信息化纳入学校的办学理念中，从人才培养质量的战略高度来重视教育信息化建设。加快推进教育信息化，利用信息化手段扩大优质教育资源共建共享，是促进教育管理改革、提高教育教学质量、培养人才的重要手段。一是高校主要领导应把教育信息化作为"一把手"工程来抓，做好相关的统筹协调及制度和组织保障工作。二是坚持"信息技术与教育教学深度融合"，将信息技术引入教学的全方位和全过程，推动教育理念、教学方法和教学模式的深刻变革。三是以应用促建设，将应用驱动作为推进信息技术与教育教学深度融合的源生动力。

加强信息化应用水平的基础是加强数据应用，打破数据壁垒，促进数据的流动和整合；要达成这一目标，一方面固然要从技术层面入手，加强系统集聚，为数据的整合和流动提供技术保障；另一方面更要从管理机制入手，扫清影响数据流动的障碍。长期以来，高校中的各类教学、管理、服务数据掌握在不同部门、单位手中，数据即权力、数据即利益、数据即政绩的观念，在高校中依然根深蒂固。信息化建设工作一般由信息中心

（网络中心或现代教育技术中心）牵头，实际权限和职责分配不匹配，在高校信息化建设过程中难以保障自身权利和履行相应义务。一些高校虽然设有信息化主管机构，但所主管的领域基本还停留在基础设施建设，即系统开发、运维以及部分数据的管理层面，缺乏对教学、科研等学校核心业务数据的管理权限和相关信息调度、使用的智能或权限；加之高校各业务条线专业性强，仅靠信息化主管机构一家也无法深度应用相关数据。这些都造成了高校智慧校园建设过程中各种数据信息在各个主体之间难以进行有效的流动和传递。

因此，信息化建设工作必须"由上至下"推进，多方协作才能完成。高校在加强智慧校园技术升级改造的过程中，也要在加强高校内部部门组织结构上的创新力度，加强管理机制的改革，从而为高校智慧校园的稳步推进提供更为坚实的组织基础。实行CIO（首席信息官）负责制，加强高校信息化建设和应用的统筹力度已经迫在眉睫。各高校要以CIO为核心，建立相应的基础设施、系统应用、信息数据的建设运维管理架构，打破制约信息化发挥效用的制度壁垒。还需要组建信息技术相关专业管理队伍，制定监管、评价与激励机制，将教学和科研的信息化管理和服务纳入绩效考评项目中。

针对校园网内应用系统开发环境不同、运行模式各异的现实情况，高校信息化建设应从立项、调研、技术指标制定、招标、实施、运行、维护全过程的规范制度建设，规范数字化校园建设流程。另外，从学校的人、财、物、事、文等方面信息及数据资源着手制定学校的信息化标准，规划统一学校的数据标准，加深信息化在学校中的推广、普及工作，通过对校园信息化标准的统一建设，全面推动校园内部的信息共享能力，从而提升对管理信息化方面的辅助决策能力。

3.2.3.2 加强顶层规划设计，"云网端"一体化推进

在过去高校的信息化建设中，软硬件建设往往是分别推进的，各类系统应用、数据中心进行有效整合的难度较大。此外，在移动化盛行的今天，大部分的系统应用仍然被限制在桌面端，大大限制了用户与系统交互场景的多样性。"互联网+"理念下，高等教育智慧化改革要求高校做到从外部去审视、颠覆和重塑传统的大学校园，使其与信息技术有机地融为一体，从而实现高等教育底层结构的"升华"。智慧校园建设应从高校自身实际出发，以用户为本，以实际应用为导向，统筹协调，深度融合，统

一标准，制定好近期和远期云网端一体化推进、系统应用升级、数据架构的整体再设计等重点工作的建设规划，从顶层设计上做到对各种信息流的"数据采集数字化、信息处理智能化、管理服务智慧化"。

"云网端"一体化推进的策略，其中云包括了云计算、大数据基础设施，它们为各类应用提供底层数据和基础驱动力，并在使用中不断为高校积累数据资产。网则不仅仅只局限于原有的"互联网"，还将扩展到"物联网"。充分利用好Wi-Fi、蓝牙、RFID、GPS等技术推进各类系统的泛在应用。网络承载能力，特别是移动通信能力不断得到提高，使得任何事物之间的连接成为可能，在此基础之上实现整体效能的提升，使得新增价值持续得到挖掘。端是数据的来源，也是服务提供的界面。端的推进就是要将过去单一的桌面端支持，转变为对用户直接接触的个人电脑、移动设备、可穿戴设备、传感器，乃至软件形式应用的多终端支持。

3.2.3.3 结构分层、坚持"开放与自主"相结合的建设模式

在"互联网+"下，高校应主动拥抱"互联网+"带来的机遇并直面挑战，是实现高校信息化建设模式转变和价值提升的关键所在。"开放与自主"相结合的高校信息化建设模式是在"互联网+"下建设"智慧校园"的一种新的建设理念和实施方式，在高校信息化建设中对各个组成部分区分"开放"与"自主"，充分调动校内外各类资源和能力，为学校建设与发展提供支持。高校信息化建设应该充分向"互联网+"学习和借鉴，从高校自身发展需要出发，以提升学校资源利用效率为主要目的，通过"开放"充分利用互联网企业各类开发和服务资源，调动校内外各方建设热情；通过"自主"牢牢掌握关系学校核心利益和师生各类需求的数据、流程和安全管控，营造关注学校核心职能和师生实际需求的"合作开放、利益共享"的信息化建设生态圈。

在清华大学"智慧校园总体架构"研究成果基础上，结合"开放与自主"相结合的建设模式理念，我们对智慧校园系统层次结构进行完善，提出"开放与自主"相结合的高校信息化建设模式的逻辑体系架构，对高校信息化建设相关的软硬件基础设施根据"是否涉及学校核心数据、流程和安全管控"区分开放建设还是自主管控，如图3-2所示。

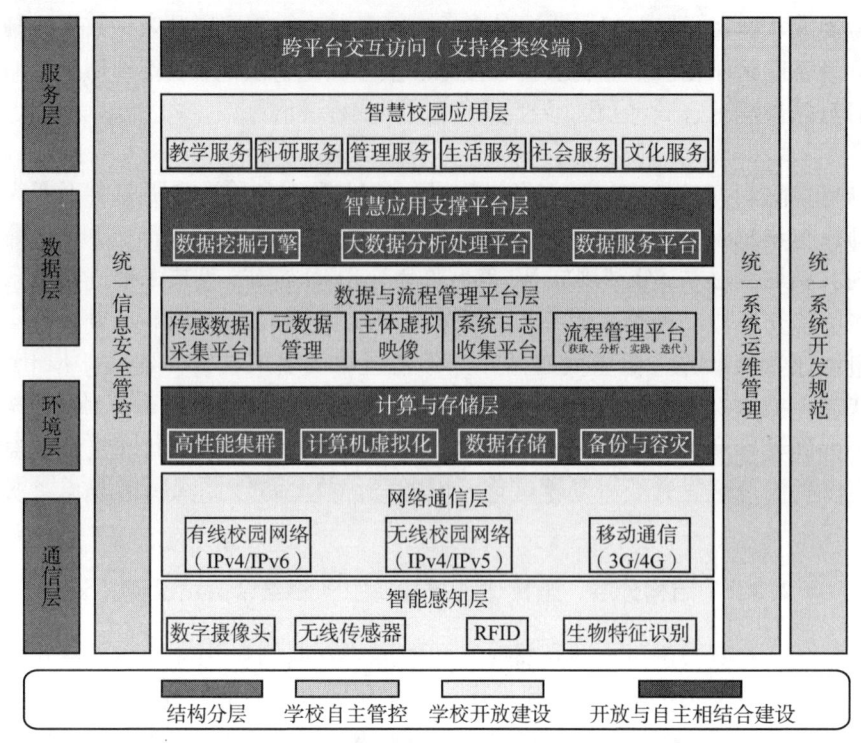

```
┌─────┐  ┌──┐ ┌─────────────────────────────────────────────┐ ┌──┐ ┌──┐
│服务层│  │统│ │        跨平台交互访问（支持各类终端）        │ │统│ │统│
└─────┘  │一│ ├─────────────────────────────────────────────┤ │一│ │一│
         │信│ │               智慧校园应用层                 │ │系│ │系│
┌─────┐  │息│ │ 教学服务│科研服务│管理服务│生活服务│社会服务│文化服务│ │统│ │统│
│数据层│  │安│ ├─────────────────────────────────────────────┤ │运│ │开│
└─────┘  │全│ │             智慧应用支撑平台层               │ │维│ │发│
         │管│ │  数据挖掘引擎  │ 大数据分析处理平台 │数据服务平台│ │管│ │规│
┌─────┐  │控│ ├─────────────────────────────────────────────┤ │理│ │范│
│环境层│  │ │ │            数据与流程管理平台层              │ │ │ │ │
└─────┘  │ │ │ │传感数据│元数据│主体虚拟│系统日志│流程管理平台│ │ │ │ │
         │ │ │ │采集平台│管理  │映像    │收集平台│(获取、分析、实践、迭代)│ │ │ │ │
┌─────┐  │ │ │ ├─────────────────────────────────────────────┤ │ │ │ │
│通信层│  │ │ │ │               计算与存储层                  │ │ │ │ │
└─────┘  │ │ │ │ 高性能集群│计算机虚拟化│数据存储│备份与容灾 │ │ │ │ │
         │ │ │ ├─────────────────────────────────────────────┤ │ │ │ │
         │ │ │ │               网络通信层                    │ │ │ │ │
         │ │ │ │有线校园网络│无线校园网络│   移动通信        │ │ │ │ │
         │ │ │ │(IPv4/IPv6)│(IPv4/IPv5)│   (3G/4G)         │ │ │ │ │
         │ │ │ ├─────────────────────────────────────────────┤ │ │ │ │
         │ │ │ │               智能感知层                    │ │ │ │ │
         │ │ │ │数字摄像头│无线传感器│RFID│生物特征识别      │ │ │ │ │
         └──┘ └─────────────────────────────────────────────┘ └──┘ └──┘
```

图例：结构分层　学校自主管控　学校开放建设　开放与自主相结合建设

图 3－2　"开放与自主"相结合高校信息化建设模式逻辑

该逻辑结构中的要点如表 3－1 所示。

表 3－1　"开放与自主"相结合的高校信息化建设模式要点

系统层次	组成部分	建设模式	具体说明
硬件基础设施	校园网络与通信基础设施	开放建设	统一的"有线＋无线"校园网络环境，支持校园网与多个运营商接入
	计算和存储基础设施	开放与自主相结合建设	实现混合云化，对关键业务采用私有云，非关键业务采用公有云
	安全基础设施	自主管控	自主采购和管理，并结合开源系统构建网络与信息安全防护体系

续表

系统层次	组成部分	建设模式	具体说明
软件基础设施	数据	自主管控	统一数据标准下的集中存储、管理和使用
	流程	自主管控	统一流程标准下的获取、分析、实现与迭代
	统一身份认证与权限管理	自主管控	自主采购与采用开源系统相结合建设
	门户与校内服务类应用	开放建设	统一规范下，对校内外的开放建设
	业务管理系统与应用	开放建设	统一规范下，对校内外的开放建设
支撑环境	系统运维管理	自主管控	统一数据标准下的集中存储、管理和使用
	信息安全管控	自主管控	集中安全部署与管控
	系统开发规范	自主管控	统一学校应用支撑平台的开发规范

"开放与自主"相结合的高校信息化建设模式的实施过程对于学校的信息化管理体制和信息技术团队能力等都提出了更高的要求。

首先是要面对心态的转变，从被动应对"互联网+"对高校的影响和冲击，转变为主动"拥抱""互联网+"的大趋势；其次是核心关注点的转变，从关注学校各层面管理实现，转变为以"学校核心利益"和"师生实际需求"为决策和协调出发点；最后是要从管理和技术角度，对"学校核心利益"相关的数据、流程和管理要求进行梳理，作为区分信息化各业务组成部分"开放"与"自主"的依据。

该建设模式的实施过程中的关键点包括：第一，统一开发标准及服务平台。建设统一开发标准和服务平台要确立服务对象和服务形式，并提供在线的按版本更新的在线系统。第二，基础设施管理规范。包括网络设施、计算设施、存储设施、安全设施等统一管理规范，以便基础设施实现开放建设与自主管控相结合。第三，身份认证和数据访问授权管理规范。包括人员身份定义与分类、身份认证与系统授权流程、数据访问授权流程等，以便实现对数据和身份的自主管控与对校内外系统开发的支持。

3.2.3.4 数据智慧化管理，实现精细化分析和应用

大数据的建设和应用是智慧校园建设的基础和出发点。所谓大数

据，既包括学业成绩这样的结构化数据，也包括反映教学、科研等行为特征的非结构化数据。今后，校园信息化必然会朝着非关系型数据存储和利用方向发展。进入到互联网时代，传统的关系型数据库逐渐滞后于信息社会发展。

　　数据本身不会说话，只有对数据进行专业化的分析之后，数据的要素价值才会充分显现。从世界范围来看，将教学、科研、管理、服务建立在数据深度、科学分析之上已是一流高校的普遍做法。相比较而言，我国高校在这方面起步晚，也没有相应的制度要求，数据分析还处于零散阶段，造成这种局面的一个主要原因在于，目前我国高校中还没有专门的数据分析队伍。在国外的一流高校都有着规模庞大、熟谙数据科学的专业教学、科研、管理、服务分析团队，他们一方面会根据数据分析，给予师生个人针对性的建议，以提升学校的整体教学质量；另一方面会对学校整体运行状况提供基于数据的评价和改革建议。仿效国外模式，建立我国高校自己的专业数据分析团队，有助于全面释放信息化、大数据的综合作用。

　　目前，国内各高校都充分意识到结构化数据的重要性，加强对结构化数据的集聚、积累，但对非结构化数据的重视程度还稍显不足。这一方面是由于高校管理者对"大数据"观念理解不深，不能认识到只有将结构化数据、非结构化数据进行一体分析、一体处理才能充分发挥数据效能，充分体现大数据的价值；另一方面是由于当下各高校还缺乏对非结构化数据的有效采集、储存和分析的工具。

　　这就需要各高校加深对"大数据"的理解，加大对非结构化数据采集、储存工具的建设力度；积极开展教学、科研、管理、服务等业务的信息化再造，多平台（尤其是移动端）共享，引导师生利用线上平台开展相关业务，提升相关数据的采集水平；在此基础上形成高校"大数据库"。

　　大数据库的功能模型中，分析结果不再是简单的"是什么"和"怎么样"的统计查询，而是要解决"为什么"和"如何办"等高级问题，因此，大数据包含了信息查询、数据统计、数据分析和预测等功能，"智能、智慧"特征十分突出。

　　以大数据技术为支撑，加强数据中心智慧化管理，加强数据分析和应用，打破数据壁垒，促进数据的流动与集成，使得数据不仅仅停留于简单的调取和展示层面，进而发现数据背后所蕴藏的价值，将教学、科研、管理、服务建立在数据深度、科学分析之上，建立智能化学习指导系统、学生学业评价系统，更智能化地理解教师和学生的潜在需求，实现更加人性化、便捷化、精细化的服务。

3.2.3.5 统筹课程建设体系，创新教育教学模式

"'互联网+'高等教育"理念对高校的教师、学生、管理人员以及相关技术人员的计算机应用水平提出了更高的要求。智慧型的师生是未来建设与应用的核心，智慧校园的建设过程中要着重培养教师的教育技术能力，打破教师与学生之间的界限，用创新性的教学方式进一步培养创新型人才。

首先，要加强对教师信息技术基础知识和技能的培训，基本内容包括移动智能设备及个人电脑使用、办公软件应用、网络资讯获取及网络信息交流、个人隐私及网络安全防护、数字化校园使用等。加强教师多媒体设备的使用及维护技能，主要有投影设备、电子白板、自动录播系统等。加强教师教学课件制作技能，主要有PPT文稿制作、课程平台使用、网页制作软件（包括网页基础知识）等。加强教师专业性辅助软件的应用水平，如SPSS、MatLab、Adobe相关产品（Flash、Captivate、Illustrator等），根据教师的现有基础和主讲课程选择性学习，以便更好地展现教学内容。

为了适应新型智慧化校园的发展，各大高校需把互联网技术融入相关专业教学中，将互联网技术、物联网技术、数字制造技术、3D打印技术、智能制造技术、大数据、云计算、虚拟仿真技术等相关知识纳入高校的公共基础课教学，提高大学生的互联网知识水平。

其次，高校应构建O2O教学平台，将在线课程与线下实体教学相结合，将以"教"为中心的教学模式转变为以"学"为中心的参与式教学模式。特别加强对慕课（MOOC）、虚拟仿真实训平台的重视，打破教育教学的时间和空间限制，促进优质资源开放共享。将校园中的教育资源与相应企业享有的相关资源进行交联互通，使校企之间建立优势互补、双向互动的战略合作伙伴关系，对于以市场需要为导向，培养社会所需人才以及促进大学生就业具有重要的意义。

为顺应互联网时代大众创业、万众创新的新趋势，高校还应将构建大学生创新创业O2O平台纳入发展计划之中，力争实现创新与创业相结合、线上与线下相结合，为广大学生提供良好的网络空间和资源共享空间，缓解大学生创业难题。

3.2.4　高校智慧化校园建设内容

通过对"互联网+"时代高校信息化建设的思路和对策分析,可以看出目前高校信息化具体建设内容是依托完善的校园网络基础平台,通过信息系统、信息资源的建设和应用,不断提高高校在管理、教学、科研和社会服务方面的各项工作的效率,优化工作流程和工作模式,全面提高数据的分析和服务能力。作为高校信息化建设的规划部门,应根据技术发展的程度、结合学校实际,拟订实现"智慧校园"的路径。但无论如何,我们认为各高校信息化在走向"智慧校园"过程中都应该统筹规划、分步实施,逐步做好以下几个方面的内容。

3.2.4.1　网络基础与智能化校园环境建设

(1) 搭建健壮、快速、安全、高效、便捷的网络基础平台。在现有校园网基础架构上,进一步完善、提升有线网和无线网络服务质量,提高校园网速和接入能力,建立泛在的无线 Wi-Fi 和移动网络环境、物联专用网络环境、核心宽带网络环境等基础设施,以满足高接入、高并发、高带宽的移动教学、智慧课堂要求,最终构建成智慧校园网络体系。

(2) 建设安全环保的智能化校园环境。智慧校园生态是针对学生学习、教师工作及师生生活中的各类能源与资源、环境保护等情况而建设的信息化综合服务。它将能耗监控、节能环保、水电系统和实时告警等连为互联互通互操作的信息结点,集成数据分析、智能监控、生态监控等深入智能化控制系统。

3.2.4.2　业务流程梳理

(1) 梳理学校业务流程、定义业务边界,发布全校业务数据字典,完善数据治理。全面梳理学校的业务流程,定义业务流程边界,交叉边界的数据传递规则及数据交换方式,通过业务流程梳理和边界的制定,发布全校的业务数据字典,并将业务数据字典对应到每个业务流程,形成最低要求,各业务系统在建设过程中必须遵照并提供数据字典要求,按照至少全部满足数据字典的要求,同时,该项作为系统验收的必要条件。根据业务流程和数据字典,制定责任部门及责任人,完善数据治理,形成高质量的数据中心。

(2）按需进行业务流程碎片化处理，进行服务式、组件式系统建设。经过业务流程的梳理，借鉴云计算的思想架构：基础设施即服务（IaaS）、平台即服务（PaaS）、软件即服务（SaaS）等先进的理念，将数字化校园建设从基础设施、数据资源、服务与应用、业务与价值等四个方面，全面进行碎片化、容器化、组件化处理，形成在业务上可以串在一起的松耦合关系，某一部分问题或者故障不影响全局性的应用，让用户能够体验到智慧校园建设的融合、服务、智能、移动和泛在的体验。

（3）建设网上办事大厅"一站式"新型服务模式。集成各应用系统，实现数据共享融合与应用协同，面向服务、面向师生打造基于流程管理的网上办事大厅，为师生提供网上"一站式"服务。师生不再需要分别登录各应用系统，只需要在统一门户平台上进行操作即可。高校门户平台着重强化移动应用，不仅可以进行信息发布查询，还可以进行各类功能操作。

3.2.4.3 基于数据分析的三大平台建设

（1）完善业务系统、学校三大平台建设，挖掘数据进行综合、融合、深度利用。完善的用户体验离不开基础设施的建设，学校在进行智慧校园建设过程中，通过流程梳理和数据字典的制定，应夯实学校"三大平台"（数据交换平台、统一身份认证平台、门户平台）的建设，同时，加强和完善校内业务应用系统，通过校内业务流程数字化、基础平台共享化建设之后，利用数据挖掘、大数据分析、云平台支撑等手段和工具平台，结合数据治理，将低阶、粗糙的数据转换为高质量的数据，形成以学校人、财、事、物四个方面和一个交叉分析应用场景的数据模型，为校园网用户提供深度、融合、综合的利用及展现。

（2）建设实时智能的决策支持平台。通过数据统计、指标展现、横向对比、趋势分析、钻取转换等技术方法将教学、财务等数据转化为相应知识，向相关业务人员和学校各级领导提供主题数据分析以及决策支持。这可有效解决学校数据分析和利用的难题，为决策者、管理者提供决策最充分、详细和完整的决策依据，从而更科学、准确地为学校宏观发展做出决策。

3.2.4.4 统一的互联互通的服务体系建设

（1）构建高校一体化的综合信息门户服务窗口。"互联网+"时代下，高校智慧校园的建设要着力从技术层面入手，打破各类系统应用被局限于桌面端的应用现状，着力构建集智能应用、信息交互为一体的高校综合化信息门户服务窗口，从而有效打破高校现有各类信息系统分散、孤立使用的格局，将各类信息系统有机统一到一个集中的系统中去，实现师生信息使用、教学管理等各项工作在一个数据库中完成，从而增强有关数据和信息之间的交互与利用效率，有效提高教学、科研及管理效率，更好地节约成本，这应该是未来一段时间高校智慧校园建设的重心。

（2）建设统一的基于云技术的服务体系。为分散、异构的应用和信息，提供一个访问、传递、协作环境，为大数据分析做好准备。运用虚拟化技术、云桌面技术，构建云数据中心，实现数据中心的智能化管理，为师生提供教学、科研、生活等云服务，如虚拟桌面、云盘、云教学资源、云课堂等。

（3）创建协同创新的科研实践平台。即通过智慧实验室、虚拟仿真实验室、共享实验平台等，实现教师、学生、实验器材、计算机辅助工具、实验室守则和实验大纲等要素相互联系、相互沟通和相互操作，通过无线传感网络、高性能计算平台和云存储设备，实现传输实验数据、分析历史数据、前推实验结果等功能。

3.2.4.5 信息化制度与队伍建设

（1）加强信息化管理机制建设。教育信息化体制机制不健全，会导致可持续发展能力不足。通过智慧化校园的推进，对信息化管理建设机制上出现的问题，边建设、边完善、边推进。认真编制发展规划，细致编排年度实施计划和预算方案，通过信息化领导组和专家组加以落实。规范制度，落实岗位职责，一步一个脚印稳步推进信息化体制机制建设。

（2）加强信息化队伍建设。高水平大学的背后需要高水平专业技术队伍，是学校可持续发展的原动力，智慧校园的建设、运行、维护需要一支强大的信息化人才队伍作保障。借助于智慧校园建设，通过对内培养、从外引进等方式，建设培养一支知识水平高、支撑服务能力强、业务精湛、经验丰富、结构合理的高素质教育信息化人才队伍，例如，市场急需的统计分析和数据挖掘、网络架构与开发、网络与信息安全、云和分布式计算、数据工程与数据仓储、用户界面设计等方面的相关人才。还要不断提高信息化队伍的技术水平，始终跟踪和掌握信息技术和网络技术的最前沿，跟踪"互联网+"技术发展和应用趋势，尽可能利用各类先进的技术解决方案为学校服务。

3.3 总结与展望

"互联网+"并非是把互联网叠加到传统产业上,相反,是要将信息技术与各行业深度融合,将互联网思维、互联网技术融入传统行业的每一条脉络。对于高校而言,要避免只做简单的加法,而是需要对"互联网+"涌现的诸多新特征展开深入探究,使互联网与大学校园的方方面面进行深入融合。

审视当下的高校信息化建设,可以发现这样的融合已经初见端倪。当下,许多高校正在打破自身原有的"自建自用""重建轻用""重桌面轻移动""重管理轻教学"等建设思维,开始用更加开放的姿态拥抱互联网。一些高校开始借助移动端即时通信应用(如微信公众服务号、企业微信)等师生使用性较高的社会化媒体,快速、低成本地建设高质量的校园移动轻应用,打造新型的校园服务平台,实现教学、科研、管理、服务的移动化、使用者中心化。

总之,走向"互联网+"校园,不仅是高校信息化智慧校园建设的升级,更是高等教育迎接互联网时代挑战,勇于作出变革的一种姿态。在"互联网+"背景下,高校要着力通过与相关互联网企业等各方进行智慧校园方面的深度合作,加快校园服务、管理、大数据挖掘与信息化建设等步伐,根据高校自身特征,搭建具有自身特色的智慧校园平台,从而更好地为高校师生提供更为人性化、个性化的特色服务,实现高校在"互联网+"时代中的新发展。

第 4 章

数字化校园建设

数字化校园是以数字化信息和网络为基础，在计算机和网络技术上建立起来的对教学、科研、管理、技术服务、生活服务等校园信息的收集、处理、整合、存储、传输和应用，使数字资源得到充分优化利用的一种虚拟教育环境。通过实现从环境（包括设备、教室等）、资源（如图书、讲义、课件等）到应用（包括教、学、管理、服务、办公等）的全部数字化，在传统校园基础上构建一个数字空间，以拓展现实校园的时间和空间维度，提升传统校园的运行效率，扩展传统校园的业务功能，最终实现教育过程的全面信息化，从而达到提高管理水平和效率的目的。

4.1 数字化校园建设思路

4.1.1 建设原则

在进行数字化建设过程中，各个高校都开展了不同程度的探索，整体上业内认为好的数字化校园建设思路应当遵循以下几条建设原则。

适用性原则。数字化建设必须以校内现有业务系统的业务种类和应用类型为前提搭建高效数字化框架，并对未来的各种新建业务系统具有一定的指导作用。

灵活性原则。高校信息化发展并非一成不变，受高校业务、系统需求甚至是政策变更都可能造成现有系统与实际需求间的矛盾，因此，数字化校园建设需支持业务流程的调整与重组以满足未来改革的新需求。

可靠性原则。高校数字校园综合管理平台支撑着整个学校的日常管理，必须具有高可靠性、高容错性和强大的数据处理能力。

先进性原则。要充分考虑数字化校园的架构设计、模块结构、技术路线、功能设计、用户体验以及系统维护等，在保证选型先进性的同时，确保技术符合当前潮流与未来发展趋势，以便跟上信息技术的发展，具有较强的生命力，具有长期使用价值。

开放性原则。贯彻开放性的设计理念，既尊重历史，又满足现状，同时适应未来发展需要，从而便于其他业务子系统的嵌入或接入，避免与其他系统对接时因平台造成的异构性问题。

兼容性原则。对于已有的技术实现不尽相同的大量业务系统，做到先进技术和原有技术积累的兼容并蓄，强调资源的可重复利用。

安全性原则。数字化校园管理平台涉及学校各个职能部门的大量敏感数据，安全运行至关重要。必须构建全方位、多层次、完善的安全保障体系，通过安全制度建设和安全教育培训，在保证物理安全和网络安全的基础上，保证系统安全、数据安全。

经济性原则。数字化校园建设是一项长期的系统工程，应切实考虑项目实施的费用，包括硬件费用、软件实施以及第三方服务费用等。

4.1.2 基本要素

一般成熟的数字化校园建设方案由数据集成层、应用集成层和权限集成层等组成。

数据集成层，实现了应用系统间基础数据的共享，同时，利用数据共享平台实现了业务系统间的业务协同，并对统计数据进行抽取和存储，实现基于数据的统计与分析。

应用集成层，由两部分组成：一部分是基于数据共享平台内的数据，将应用系统的主要业务信息进行加工，提供门户展示；另一部分是将应用系统中的一些功能包装成 Web 服务，辅以 UDDI 注册中心供校外系统调用。

权限集成层，主要是统一身份认证，实现应用系统的单点登录，并将应用系统的主要业务信息集中展示，建立统一的数字校园平台门户。

4.2 高校数据集成需求

目前高校的应用系统以信息管理为主，例如，教职工管理、学生管理、教务管理等，由于开发时间有先后，参与开发的厂家良莠不齐，导致使用的开发工具、数据库技术不尽相同，且系统大多根据某个部门职能的需求进行开发，因此，实现后的系统功能相对独立，但多个应用系统中通常存在对同一类信息的管理。例如，学生管理系统和教务系统中都存在着学生信息管理的功能；人事管理系统、财务管理系统都需要职工信息管理模块。

因此，高校数据集成需要满足以下要求：一是跨部门信息共享，确保基础公共数据可在校内各个业务部门的系统之间实现数据同步。二是跨部门业务系统协作。高校某些业务需要横跨各个部门，在信息化的过程中这些业务的信息化需要多个业务系统的协调方可完成，例如，迎新系统需要学校校办、学生处、教务处、研究生院、财务处、网络部门、后勤部门等学校多个部门协调完成，涉及业务系统包括学工系统、教务系统、后勤管理系统、财务系统、网络计费系统等，因此，要把全校共享数据集成起来就必须要各个业务部门协调配合。三是全局化的数据统计分析，即将不同职能域的信息集中起来，根据权限提供给不同的用户，进行数据分析统计工作。

在进行系统集成时，还需要遵循以下原则：一是集成方案全面：要全面综合考虑用户需求，实现资源的合理配置，扩展原有系统功能，提高系统的效率，简化系统的复杂性，集成方案要切实可行。二是充分保护和利用已有的资源：由于高校在现有应用系统建设中已经投入了相当的人力、物力、财力，且现有系统已投入实际运行，积累了一定的信息资源，用户也有了丰富的操作体验，因此进行系统集成时，要将这些可以重复利用的资源进行充分的利用和转化。三是集成后的系统要具有可扩展性，要为将来开发的系统提供接口以适应未来信息化建设需求。

4.3 信息标准制定

信息编码标准制定的目的在于满足学校信息系统建设的需要，加强信息化建设的统一领导，建立信息化标准的管理体系，保证信息在全校各信息系统中采集、处理、交换、传输的过程遵循统一的标准规范，促进信息和数据资源的共享，为数据交换与共享平台建设打下基础。

信息编码标准包括学校制定的公共信息编码标准和各业务部门制定的业务信息编码标准两个部分，体系框架如图4-1所示。

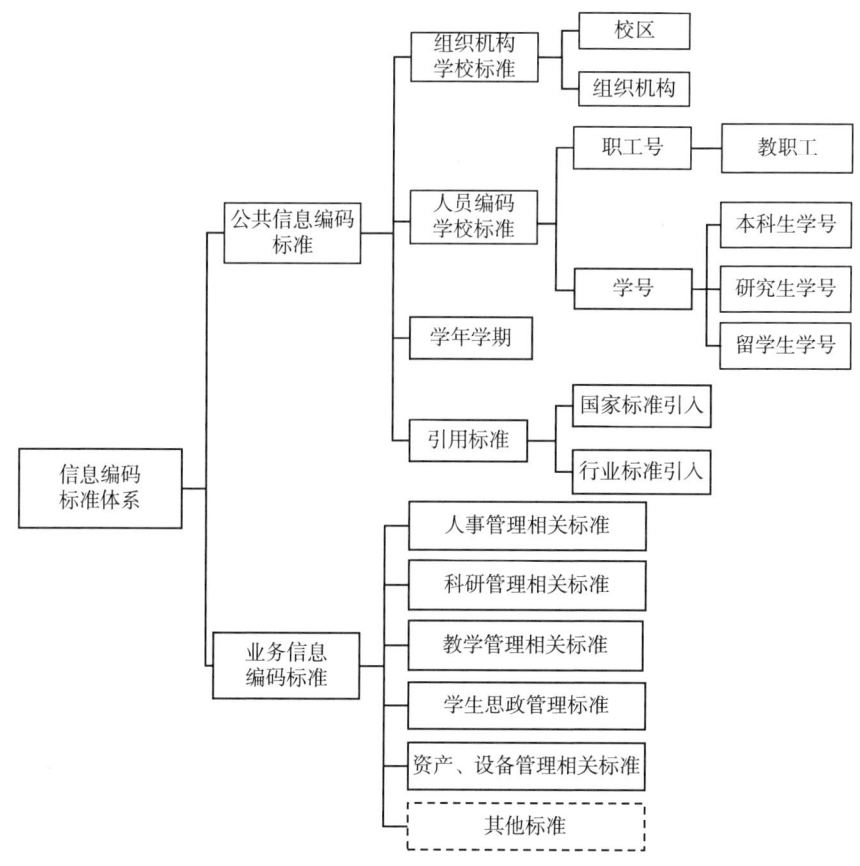

```
                              ┌─ 组织机构 ──┬─ 校区
                              │  学校标准   └─ 组织机构
                              │
                              │              ┌─ 职工号 ── 教职工
            ┌─ 公共信息编码 ──┼─ 人员编码 ──┤            ┌─ 本科生学号
            │   标准           │  学校标准   └─ 学号 ────┼─ 研究生学号
            │                  │                          └─ 留学生学号
            │                  ├─ 学年学期
信息编码 ───┤                  │              ┌─ 国家标准引入
标准体系    │                  └─ 引用标准 ──┴─ 行业标准引入
            │
            │                  ┌─ 人事管理相关标准
            │                  ├─ 科研管理相关标准
            └─ 业务信息 ──────┼─ 教学管理相关标准
                编码标准        ├─ 学生思政管理标准
                                ├─ 资产、设备管理相关标准
                                └─ 其他标准
```

图 4-1 信息编码标准

高校信息编码包括公共信息编码标准和业务信息编码标准两个部分。其中，公共信息编码标准主要对高校公用的信息做标准限定，业务信息编码标准则是对各个业务系统的编码做统一规范，为数据交换与共享奠定数据基础。

一般来说，信息编码标准是规范信息项的填写内容，为便于应用系统数据录入和查询统计而制定的，所以，高校信息标准制定需要遵守以下规则。

唯一性。每一编码对象仅有一个编码。

可扩性。编码结构必须能适应同类编码对象不断增加的需要，必须为新的编码对象留有足够的备用码，以适应不断扩充的需要。

简单性。编码结构应尽量简单，长度尽量短，以便节省机器存储空间和减少编码的差错率；同时提高计算机处理的效率。

规范性。编码的结构、类型以及编写格式必须统一。

适用性。编码要尽可能反映分类对象的特点，便于记忆，便于填写。

合理性。编码结构要与分类体系相适应。

高校在建设信息标准时，要以国家标准及行业相关标准为首要标准，并在此前提下制定高校公共编码标准，如组织机构编码、教职工、学生编号标准等，且学校编码的种类和数据将随着学校业务的发展而不断维护、更新。

4.4 数据交换共享平台构建

数据交换平台建设旨在通过数据标准建设、数据集成交换、共享，积累高质量数据，为广大师生提供数据查询、数据服务等内容，为部门业务人员提供数据查询、统计等内容，为领导提供战术、战略层面的数据分析、挖掘等内容，更为学校的教学、科研、管理、服务和校园生活等各个领域提供支持和保障。按照高校整体建设目标，数据交换平台建设包括基础设施层、数据集成体系、数据存储区、应用服务层以及用户终端层五个层面，如图4-2所示。

4.4.1 基础设施层

IT基础设施平台主要包括综合布线系统、综合管网弱电系统、无线网络系统、服务器主机、存储、安全系统等基础硬件设备。除此之外，由数据库系统、应用服务器、目录服务器等构成的数字校园应用系统的数据汇聚、运行支撑环境也属于基础设施的范畴。

4.4.2 数据集成体系

数据集成体系建设分为两个方面，一方面是数据层的建设，主要实现数据的集成交换，包括数据复制、数据转换、数据清洗、数据流程的建设，完成数据集成过程；另一方面是数据应用层的建设，包括数据监控、数据服务等建设。应用层更多是在数据集成体系下的一些应用，包含对整

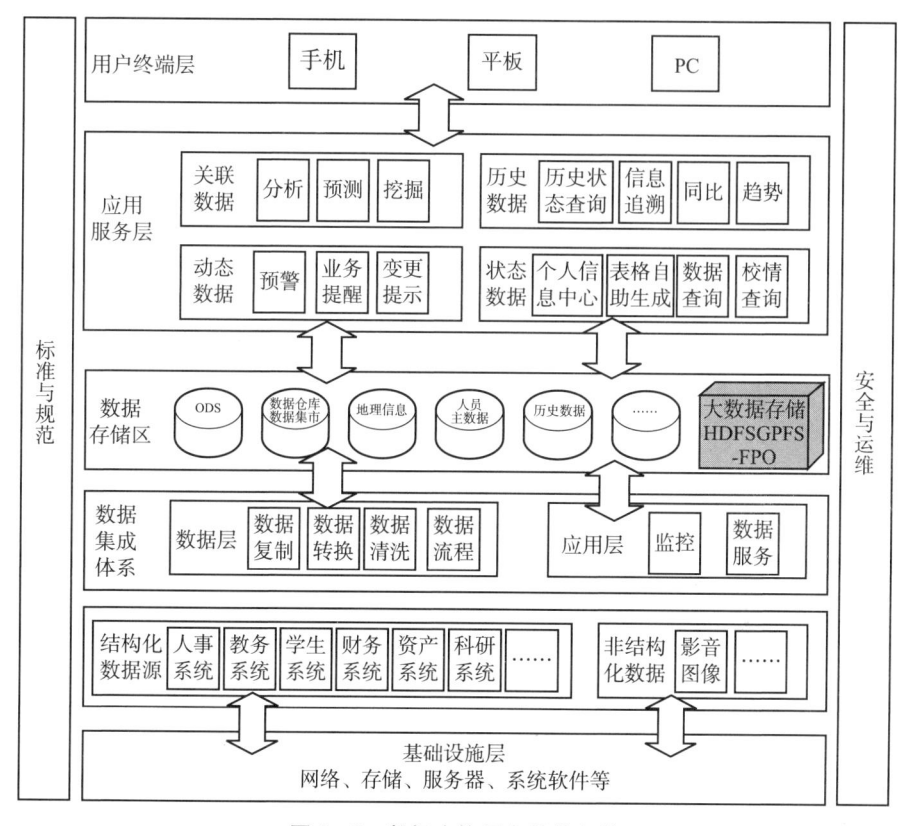

图 4－2 数据交换平台整体架构

个集成过程的管控以及从数据集成角度提供数据封装的应用，例如，教务系统中成绩查询的接口、空闲教室的查询接口等。

4.4.3 数据存储区

数据存储区主要实现数据的分类存储，数据交换平台会包含多种数据存储（或者说是多个数据库）以满足不同的数据应用。一般地，按照数据应用方向不同，数据存储区可分为三个部分，即当前数据应用如全局数据库（ODS）、人员主数据库、资产数据库、地理信息库等；数据仓库应用如历史数据库、数据仓库、数据集市等，以及大数据应用如大数据存储、资源库等。

数据存储部分在建设过程中应当包含全局数据库、历史数据库和数据仓库等的建设。其中，全局数据库一般包含需要高校内部为各个业务部门所共享的数据，如在校人员基础数据、资产基础数据建设等，主要为上层应用提供数据支撑，并在全局数据库的基础上不断丰富跨部门的全局应用；历史数据库建设则是满足高校历史数据存储，以形成校内数据资产，为数据挖掘提供基础；数据仓库主要是针对数据分析挖掘的角度进行数据模型建立和数据集市的存储；其他数据库的建立都是针对不同的数据应用，建立对应的数据存储。

4.4.4 应用服务层

应用服务层建设主要实现当前数据的服务与应用、变化数据的服务与应用、关联数据服务与应用以及历史数据的服务与应用。其中，当前数据、变化数据、关联数据以及历史数据是按照数据的生命周期及数据使用情况进行划分。

数据（基础数据）：包括个人信息服务、表格自助生成服务、数据查询服务、校情查询服务等。

变化数据：考勤缺失、未注册等预警数据、业务处理状态变化的提醒，以及一些信息变化的提示，例如，职称、津贴、科研情况等。

关联数据：不仅包括对相关数据的分析，还包括以这些数据为依据所开展的相关分析、预测和挖掘，例如，学校如果需要对校内人才引进工作进行评价，那么评价所需的关联数据包括人才引进的教科研产出的分析、对比以及后续人才引进的方向和目标的预测等。

历史数据：历史数据的重点在于对历史数据进行查询、分析以及追溯，并在历史数据的基础上实现学校各项指标的同比分析、环比分析、趋势分析等。

各类业务系统各司其职，为全校师生提供服务。基于全局数据库的应用系统可以充分发挥数据的综合利用价值，实现数据的查询、分析等应用。数据决策分析应用基于数据仓库，采用横向对比、发展趋势、统计分析、指标展现、钻取转换等多种方式，满足全局数据的综合展示，实现校情的综合展现，辅助学校改进业务流程，并覆盖到招生、教学、就业、资产、财务等核心业务场景。

总的来说，数据交换平台的建设是一个长期积累的过程，数据交换平台的建设是为了更准确、更优质地进行数据的积累、查询和分析，为高校师生提供各类数据应用，为领导提供分析支撑，更为学校做出重大方向性决策提供依据。

4.5　业务系统集成

应用系统集成主要是将高校内部现有业务系统接入到数据交换与共享平台中，实现数据层面、功能层面的协同工作，具体集成方法包括如下内容。

4.5.1　根据集成结构分类

按照业务系统与交换平台的集成结构可分为纵向集成、横向集成和星型集成三种类型。

4.5.1.1　纵向集成

纵向集成重点在于对各个子系统进行功能整合，通过创建功能实体实现多系统互联。其优点在于实施快捷，且集成过程只涉及子系统供应商，无须过多实施费用，因此，短期来看学校可较好地控制集成成本。但这种集成方式的缺点在于需要由子系统供应商建设一个专门的子系统实现集成所需功能，当学校对该系统有其他集成需求时往往需要重新开展集成工作，因此，长远看无法测算最终集成成本，集成工作可复用程度低。

4.5.1.2　横向集成

即企业服务总线（Enterprise Service Bus，ESB），由集成商开发一个专门的集成系统实现各个子系统之间的互联，由服务总线负责各个接口之间的数据传输，避免了各个子系统之间的系统对接，降低集成成本，且每个子系统只要与服务总线对接一次即可向其他总线上的系统提供数据服务，从而使得整个系统具有较高扩展性。

4.5.1.3　星型集成

即所有子系统之间进行一对一互联，从单个被集成的子系统看来其集成结构为星型。其缺点显而易见，即一旦高校新建业务系统需要集成，那么，需要将新建系统与所有系统进行对接，使得集成工作呈几何倍数增长。

4.5.2 根据集成深度分类

从集成的深度上，业务系统集成可分为表示层集成、业务逻辑集成、应用接口集成和数据级集成四种方式。

4.5.2.1 表示层集成

将各个业务系统的功能集成至统一的界面供用户访问各个系统功能。这种集成方式在于将各个业务系统的终端界面都用统一的标准页面来替换，应用程序终端窗口的功能可以一对一地映射到一个基于浏览器的图形用户界面中。这种集成方式最常见的应用方案即为建立统一门户系统，通过门户实现业务系统的单点登录、应用接入、权限管理等功能，从而实现业务系统的统一化集成。

4.5.2.2 业务逻辑集成

该集成方式主要用于业务逻辑共享，各个子系统向高层业务集成层提供业务集成接口，实现子系统功能模块的复用和集成，并将多系统集成后的高层业务展示给用户，实现最终集成。该集成方案主要使用中间件技术和企业应用集成技术（Enterprise Application Integration，EAI）实现包括消息中间价集成、交易中间件集成或应用服务器集成等。目前的研究和实现主要集中在对 Web Service 技术的使用，通过子系统间的信息传递，实现了业务流程的集成。

4.5.2.3 应用接口集成

应用接口集成是在业务逻辑层面的集成，通过内部网络、协议转换与数据传输实现不同子系统间数据通信的安全传输，从而允许集成系统访问子系统的功能模块，实现子应用系统数据的全范围共享。应用接口集成包括两种主要形式：其一，通过面向消息中间件实现新旧系统间的消息传递；其二，将各个子系统看成整体集成系统的分布式对象，通过.NET、J2EE、CORBA等分布式对象技术构建对外通信接口，最终实现子系统功能的上层方法调用，从而使得开发人员无须关注子系统的内部框架结构，实现高校内部的跨平台集成。

4.5.2.4 数据级集成

企业数据集成（Enterprise Information Integration，EII）是数据层面的操作实现集成，通过数据复制、数据聚合、数据的抽取、转换和装载（Extract Transform Load，ETL）实现子系统数据源实体或复制数据传递到数据需求系统，从而实现数据的共享和集成。企业数据集成主要应用在建立校内统一的数据交换与共享平台，以平台为载体向各个子系统数据源抽取共享数据，并通过清洗、转载、发布实现数据的共享管理，从而实现各个子系统的数据集成。

4.6 应用系统建设

4.6.1 业务系统建设

高校在开展业务系统建设的过程中，不断摸索建设经验，形成了如图4-3所示的应用系统建设结构。

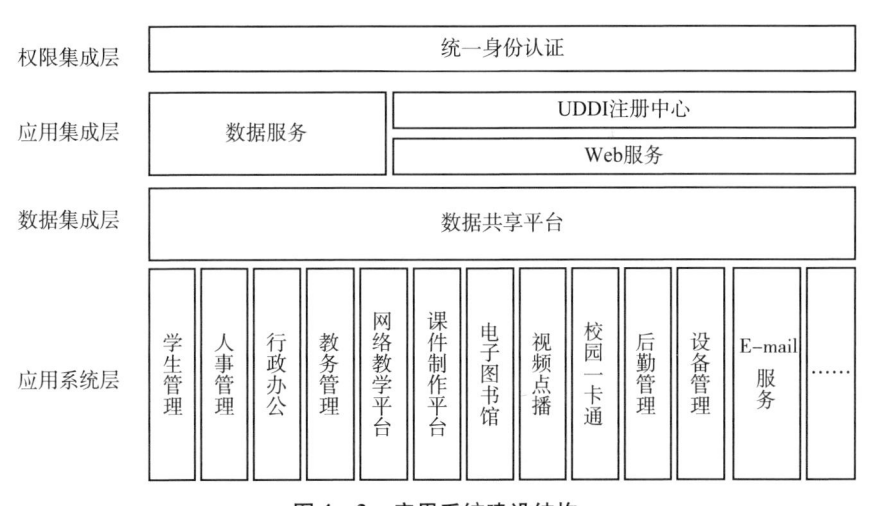

权限集成层	统一身份认证		
应用集成层	数据服务	UDDI注册中心	
		Web服务	
数据集成层	数据共享平台		
应用系统层	学生管理 / 人事管理 / 行政办公 / 教务管理 / 网络教学平台 / 课件制作平台 / 电子图书馆 / 视频点播 / 校园一卡通 / 后勤管理 / 设备管理 / E-mail服务 / ……		

图4-3 应用系统建设结构

其中，权限集成层主要为校内师生用户提供身份管理、身份认证服务，提供用户对各个业务系统的单点登录服务；数据集成层则为数据交换与共享平台集成需求，用以向各应用系统提供共享数据，实现数据流的动态交互；而应用系统层则包含了校内各个业务系统，包括人事管理系统、财务系统、一卡通系统等众多子系统。对于各个高校而言，应用系统层的建设是以学院、各个机关单位等相关的业务需求为驱动的，大致可分为以下四类。

教学辅助类，利用信息技术和网络资源对传统教学进行补充，包括网络教学平台、课件制作平台、视频转播等。

电子校务类，辅助高校日常管理，包括学生管理系统、行政办公系统、人事管理系统、资产管理系统、后勤管理系统等。

数字资源类，给教师和同学提供了访问数字资源的平台，包括网上图书馆、视频点播、课件资源等。

电子支付类，以校园一卡通系统为主，以第三方支付系统（如支付宝、微信支付等）为辅。这些应用系统为学校的教学、管理等工作提供便利。但随着系统的增加，也给各系统的维护工作增加了困难。

业务系统在建设过程中应当注意以下几个方面。

业务系统的建设需要在数字化主管部门的统筹协调下开展需求调研工作。在实际工作中，业务系统的需求单位以校内各个二级部门、学院为主，用户在整理自身系统需求的时候由于缺乏专业的技术背景，其对需求的理解往往局限为对实际工作业务流程进行信息化梳理，希望系统的操作过程"完全"与其线下流程保持一致，忽略了流程在信息化的过程中需要保证其符合学校的整体信息化建设要求，尤其是在流程优化、数据整合等方面缺乏意识，因此，需要数字化主管部门对各部门的系统建设需求进行审核，确保系统符合学校整理框架要求。

无论是已有系统还是待建系统，在统一信息标准的前提下进行数据整合都是形成学校数据资产的重要途径。对未建系统进行数据整合时，需求分析人员只要确定系统建设符合学校的信息标准，并在开发阶段即可开展系统整合工作。对于已有系统，数据整合过程需要第三方厂商配合完成，对不符合学校信息标准的系统，需要厂商对系统进行整改，或通过建设中间库的方式完成数据整合。

4.6.2 二级网站建设

由于学校的二级部门或院系网站各自为政，造成在网站建设初期无法做到统一规划、统一标准和统一管理平台,使得各二级网站之间、二级网站与信息化应用系统之间的信息难以共享、难以集成,形成彼此独立的"信息孤岛",信息资源利用率低。

为满足学校各院系、部处源源不断的新建网站和网站改版的需求,切实有效地解决二级网站建设与管理存在的各种问题和安全隐患,各高校纷纷采用网站群建设来实现对校内二级网站的统筹建设与管理。表面上看,网站群是一群网站的批量链接,但实际上网站群建设需要在整体规划、统一设计的前提下建设的可进行数据共享、内容关联的网站集合。网站群平台是内容管理系统(Content Management System,CMS)的一种,一般包括前台管理服务器和后台管理服务器,系统管理员通过后台管理平台创建站点,配置网站管理权限等;网站管理员则通过前台管理服务器配置站点相关信息,创建网站模板以及内容发布,发布后的内容由网站群服务器协调配置后传输至 Web 站点服务器上完成对外发布,其拓扑结构如图 4-4 所示。

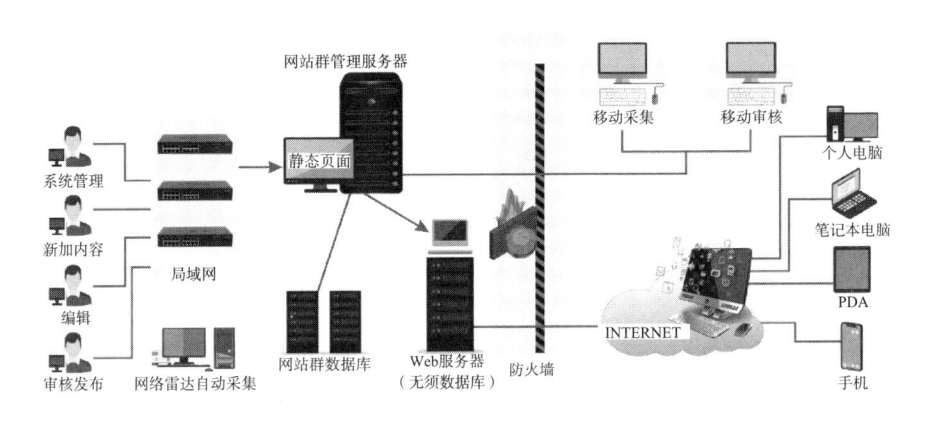

图 4-4 网站群管理平台拓扑结构

网站群平台为二级网站的建设和管理提供了统一技术架构、统一标准以及统一化管理,避免了网站建设中的重复性工作,实现了资源整合与网站内容共享,同时,前后台分离管理的架构模式可大大提高网站的访问速度,并为管理人员配置统一化安全管理创造技术可行性。

一般来说,网站群的建设需要注意以下几个方面。

4.6.2.1 虚拟化集群管理

利用虚拟化技术，实施二级网站服务器虚拟化集群管理，提高管理能力和服务水平。

为便于统一化管理，二级网站需要部署到独立的虚拟服务器上，实现站点、域名以及虚拟主机一对一对应，从而实现站点迅速部署服务器、服务器集群管理、动态资源分配回收、零宕机迁移、快速备份恢复等管理特性，同时，可将网站群的紧耦合模式转为松耦合模式，使得当某网站出现问题或需要维护时不影响其他站点的正常运行，其架构如图4-5所示。

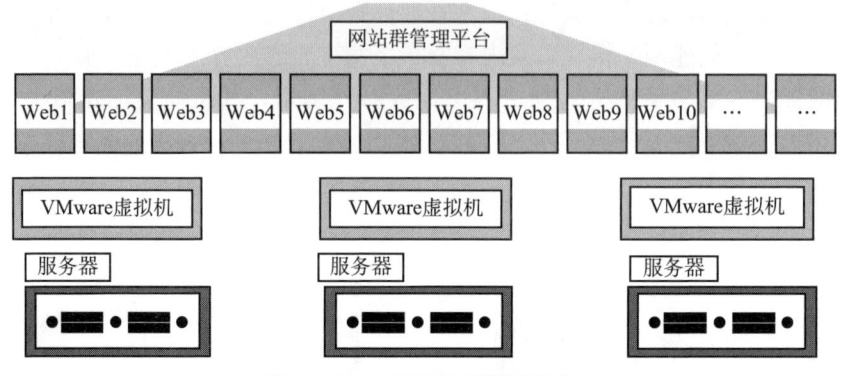

图4-5 二级网站群部署架构

4.6.2.2 站点审核制度

二级网站作为学校对外宣传的重要工具，所有站点发布应当统一化管理，学校内部应结合校内实际情况制定相关管理制度，如网站发布前需有校内宣传部门（如学校办公室、宣传部等）以及信息化主管部门联合备案，要求各二级站点明确管理人员、规范内容发布流程。网站管理要做好对发布内容的登记，包括发布时间、发布人、审核人等都要登记备案，从而加大信息发布的监管力度。

4.6.2.3 漏洞扫描机制

二级网站作为对外宣传平台，极易受到网络黑客的攻击。因此，所有网站在发布前都应进行漏洞扫描，对发现的漏洞及时修补，且应建立网站安全管理机制，定期地对已发布网站进行扫描，不合格的网站及时关停、修补，在各种攻击高发时期，更应提前做好安全扫描工作，防止网站被恶意攻击造成不良后果，从而最大限度地减少网站安全隐患。

4.6.2.4 培养管理人才

由于网站管理包括技术管理和内容管理两个方面，因此，除了需要信息化主管部门提供技术支持外，更重要的是需要各个二级网站内容管理人员做好内容管理，这就要求相关管理人员具备一定文稿功底的同时具备一定的信息化技术能力，对网站编辑、模板管理甚至网站安全具备一定的基础知识。因此，高校应重视网站管理人员培养，加强各级信息化队伍建设，通过定期聘请校内外专业人员进行技术培训和工作指导，为网站建设与管理人员提供更丰富的学习和提升信息技能的平台，从而不断提升二级网站建设水平。

4.6.3 门户系统建设

门户是对高校内部的信息和应用系统进行整合，通过统一控制用户对信息和应用系统的访问，为用户提供单一的访问入口。从界面上看，门户可按照资讯、搜索、业务服务和公共服务几个部分进行内容整合，对高校个人信息中心提供的内容进行梳理和归纳，根据用户身份提供满足其需求的特定信息和应用的整合，为用户提供个性化、一站式的信息服务。一般地，门户建设内容应包括服务集成建设、信息集成支撑、信息集成管理以及服务组件四个方面。

4.6.3.1 服务集成建设

（1）数据集成。所有的已建系统、新建系统与公共数据库进行对接，以及要考虑到未来的新建系统与数据库的对接，需要提供完整的 Web Service 数据标准接口，以及数据库结构和数据字典描述，开放数据库读写权限，实现门户与其他应用系统的数据交换和共享。

（2）认证集成。所有的已建系统、新建系统与统一身份认证平台进行对接，系统的认证都需要归入统一身份认证中从而实现校内用户的统一认证、账户统一管理和单点登录。通过校园统一身份认证服务接口进行认证集成。

（3）个人信息中心集成。所有的已建系统、新建系统与个人信息中心进行对接，提供 Web Service 接口标准与规范、面向师生的服务应用遵循国际标准 JSR268 portlet 规范，将面向最终用户的服务整合在统一校园个人信息中心平台中。

（4）Iframe 集成。对于一些不具备改造条件功能，支持通过个人信息中心 Iframe 的方式集成到个人信息中心。

4.6.3.2 信息集成支撑

信息集成需要标准个人信息中心服务器、集成工具以及用户个性化集成三个方面来实现，具体如下。

（1）标准个人信息中心服务器：提供校园个人信息中心平台的基础运行支撑，遵循国际标准和主流开发技术，包括 JSR-168、Spring Application Framework、Spring MVC、Portlet Framework 等。

（2）集成工具：用于在校园个人信息中心平台中提供丰富的内容集成方案，包括页面集成、数据集成和应用集成，集成手段包括 Iframe 集成、页面抓取、RSS 集成、HTML 编辑、凭证登录集成等。

（3）用户个性化集成：提供丰富的用户与系统交互功能，包括服务自定义收藏、资讯订阅、服务评价、服务导航等。

4.6.3.3 信息集成管理

（1）角色管理：对个人信息中心用户进行角色管理，角色基于校园用户身份，支撑数据集成共享库，保障用户数据的一致性。

（2）模板管理：完成对不同角色用户的个性化管理，可以对不同角色授权于不同的应用，配置不同的角色访问 UI。

（3）应用访问分析：对应用访问数据进行跟踪分析，发掘使用频度高低的各类应用，促进应用的完善和提供。

（4）运行管理工具：提供对 Portlet Server 的管理，包括站点管理、故障邮件告警、访问统计。

4.6.3.4 服务组件管理

（1）服务注册：面向内、外部应用提供开放的注册接口，并实现对已注册服务的统一管理。在个人信息中心上发布的所有服务必须在服务集成平台注册。

（2）服务定义：包括服务的基本属性、开放设置、提醒设置、推荐设置以及服务的授权等功能。

（3）服务组织：提供将所有服务按照主题、分类（大类、小类）进行归类的功能，同时提供关键词检索功能。

（4）服务应用：提供服务导航、服务推送、服务说明、服务咨询、服务评价、服务检索、服务排行、服务关联、服务收藏。支持第三方服务绑定服务应用组件，可以自定义组合。

（5）服务监控：可以查看每个服务的访问情况、管理员的操作日志、在线用户等信息。

（6）服务集成接口：提供服务应用开发标准及接口规范，提供服务集成套件，系统支持市场上主流的集成方式，主要包括 Web Service 接口、Iframe、RSS、URL、HTML、页面抓取等方式，并通过服务集成套件将服务应用集成入个人信息中心。

4.6.4　移动门户系统建设

当前，高校师生作为移动互联网用户的主流人群，其移动应用服务的需求日渐高涨，大量的移动互联网应用占据了广大师生相当的网络消费时间，从而使得大量的移动互联应用迅速崛起。同时，学校内部及周边的生活、学习等信息服务形态难以满足日渐旺盛的移动体验需求。现有的门户在信息及时性和互动上存在很大局限性，学校内部的资讯及生活服务等资源也未能充分利用，造成大量不受控制的外部移动应用正在不成体系地通过非安全方式对接校内的核心系统入口。

在此背景下，高校急需为师生在学习、工作、生活等信息服务领域提供可控的移动化支撑，即移动门户平台，以提供一个集中式的校园移动服务分发通道来满足师生的移动服务需求。

移动门户平台的建设是高校数字化校园建设发展的必经阶段，其目标不仅仅是完成传统数字化校园在移动端的迁移，而是要基于移动互联网理念重构一套开放的移动校园信息化生态体系，建设服务型移动应用，并通过持续迭代优化用户体验、盘活校内用户资源，实现信息化建设价值。

移动门户平台提供各类应用的统一分发和统一访问通道，包括移动门户、应用管控台以及功能设计三个部分。

4.6.4.1 移动门户

移动门户支持用户登录、个人信息维护、移动应用在终端的聚合和管理（下载、安装、更新、移除）以及接收PUSH消息和系统消息服务，主要包括以下功能。

（1）账号登录及授权：与学校现有统一身份认证系统无缝集成，实现单点登录。

（2）个人信息维护：支持灵活设置个人昵称、个人照片信息、个人联系方式等属性信息，并在使用第三方应用时，可以自主选择是否允许第三方应用访问个人授信信息。

（3）个性化系统消息提醒：支持用户登录后接受系统推送的与角色相匹配的消息，支持语音、图片、外部链接、新闻等富媒体信息格式。

（4）PUSH服务：推送系统内重要的与用户强关联的通知消息。PUSH的消息支持系统内嵌服务跳转，如新闻、通知公告或外链的第三方跳转，也支持被集成的移动应用的直接调用。

（5）移动应用市场：提供学校专属的移动应用列表，并为不同权限用户展现个性化的移动应用列表，用户可以对应用进行安装、卸载、评价。

4.6.4.2 应用管控台

应用管控台主要实现对用户、应用、权限的管理，具体如下。

（1）管理权限设置：支持不同管理组的设置，如身份管理、应用管理、内容管理、客户端管理等，并对不同管理组配置相应的管理员，通过页面授权的方式进行独立管理。

（2）用户及角色信息管理：可以自定义用户角色，如分为学生、教师、行政管理人员等角色，根据不同角色进行差异化的应用推荐和功能设置。

（3）应用管理：支持对授权的第三方应用进行管理，如添加、编辑、上架、下架、删除、升级、版本回退等。

（4）服务分发统计服务：支持获取用户访问总数、订阅用户数、新增用户数、在线用户数、月活/日活用户数等统计数据。

（5）应用内容管理：对新闻、通知公告等依赖于PC应用系统的移动应用，进行应用订阅源管理、应用内容发布、内容同步等管理。

（6）客户端版本升级管理：支持对客户端版本升级信息进行管理。

4.6.4.3 移动门户功能设计

移动门户在进行功能设计时，除了要实现 WEB 端门户系统功能移动化的同时，还要考虑根据 App 不同使用角色设计针对性的功能模块，即在功能上不可一概而论。

根据不同角色类别，一般将功能模块分为公共模块和个性化模块两个部分。其中，公共模块应为所有角色都需要的功能模块，主要为用户提供基础信息查询服务，具体如图 4-6 所示。

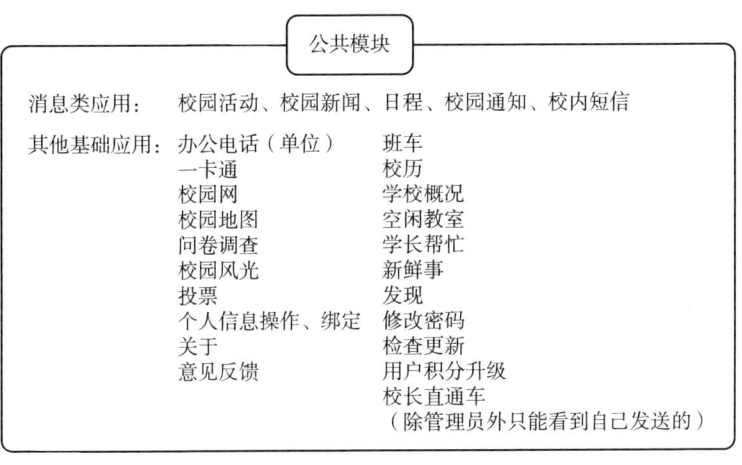

```
┌─────────────────────────────────────────────────┐
│              公共模块                            │
│                                                 │
│  消息类应用：   校园活动、校园新闻、日程、校园通知、校内短信 │
│  其他基础应用： 办公电话（单位）    班车           │
│                一卡通              校历           │
│                校园网              学校概况       │
│                校园地图            空闲教室       │
│                问卷调查            学长帮忙       │
│                校园风光            新鲜事         │
│                投票                发现           │
│                个人信息操作、绑定   修改密码       │
│                关于                检查更新       │
│                意见反馈            用户积分升级   │
│                                    校长直通车     │
│                （除管理员外只能看到自己发送的）   │
└─────────────────────────────────────────────────┘
```

图 4-6 公共功能模块

而个性化模块则需要按照角色特点进行分配，如教师个性化功能为课程表、学生个性化功能则是成绩查询和课表查询，而在岗在编行政人员则更关注部门通知，具体如表 4-1 所示。

表 4-1　　　　　　个性化功能列表

角色	功能	
	公共模块	个性模块
本科生	有	成绩、学生课程表、办公电话（部门电话、同学电话）
研究生	有	成绩、学生课程表、办公电话（部门电话、同学电话）
教师	有	学术速递、会议安排、教师课程表、办公电话（部门电话、教职工电话）

续表

角色	功能	
	公共模块	个性模块
行政人员	有	学术速递、会议安排、办公电话（部门电话、教职工电话）
游客	无	新闻资讯、发现
系统管理员	有	所有个性化模块、管理端各模块操作权

4.7 统一身份认证体系建设

如今全球信息化的速度越来越快，全球的信息产业越来越重视信息安全，特别是在信息网络化正处于发达的时期，信息产业的发展离不开网络安全，如何在网络环境中建立起一个完善的安全系统，身份认证技术就成为在网络安全中首先要解决的问题。

身份认证技术是信息安全的核心技术之一，其任务是识别、验证网络信息系统中用户身份的合法性和真实性。身份认证技术的发展，经历了从软件认证到硬件认证，从单因子认证到多因子认证，从静态认证到动态认证的过程。常见的身份认证的方法有：基于口令的鉴别方式；基于智能卡、令牌的鉴别方法；基于PKI数字证书的鉴别方法；基于生物特殊的鉴别方法；基于组合因子的鉴别方法等。其中，口令认证也是网络信息化中最常用的一种认证方式。

在高校信息化的进程中，身份认证的建设得到了大力地发展，大部分高校已完成了身份认证。回顾近10年高校的信息化建设发展历程，学校身份认证的建设已经历了2次突破：第一代的单点登录，完成了系统大部分系统的身份集成，实现单点登录，通过同一套用户名和密码单次登录在各个系统之间切换。大概在2011年以后，越来越多的高校通过构建第二代的身份管理的方式不仅仅实现SSO单点登录，并且实现对身份的管理，走到了"独立认证、独立授权、独立账号管理"的阶段。但是，身份管理并没有做到将用户真正的关注点抓住，身份的监控、身份的统一授权审计等问题并没有真正被解决，主要存在以下问题。

现有SSO模型带来的安全问题，原有基于共享cookie的方式进行统一认证，cookie被所有集成的系统共享，虽然不包含个人敏感信息，但是，集成系统却可以通过获取该cookie值进行模拟用户登录，存在一定的安全隐患。

对于接入身份认证的系统没有统一管理，学校建设的系统繁多，根据信息化的建设进程，都逐渐接入了身份认证。但是，由于缺少统一的接入管理，对接入身份认证的系统缺少有效监管，对用户访问过哪些系统也缺少应有的数据积累。通过接入系统的统一管理，还可以从身份认证的层面，对系统进行第一层的安全保护，即可用设置哪些用户可以访问该系统，无权限访问该系统的用户，即使已经登录了身份认证，也无法登录该系统。

缺少对用户登录访问过哪些系统的有效监控，无法监控访问情况就无法掌控安全情况，难以对一些情况加以判断，如用户频繁访问一个系统，或频繁查看某些信息，需要对这样的用户进行记录，可以为后续用户个性化的推荐服务提供数据支撑，也可以让用户自己看到访问过哪些系统等。

对于一些新的协议如OAuth无法得到支持，很多第三方应用无法接入或接入时无法掌控其权限，如超级课程表是通过暴力破解学校教务系统，从而拿到学生的课表信息，对学校的信息安全存在严重隐患。当学校支持OAuth协议时，可以授权给超级课程表相应的权限，并且告知学生如果使用超级课程表将会读取你的课表信息，使学校所有的对外信息都得到控制，保证学校的安全性。开放对于有些学生有帮助的应用，既要进行管理，也要进行支撑，是疏而不是堵。

缺少对新型认证方式的支持：如二次授权、动态密码等功能，当在公共场所登录学校系统时，如果使用传统方式登录学校系统，有可能密码等信息会被监控，导致学校和个人的信息外泄，存在严重的安全隐患；对于一些重要的系统，如财务、OA系统等，在用户登录其他系统进行身份认证后，如临时离开或者交由其他人来管理自己信息时，这些财务和OA等重要信息是不允许被他人看见的，如果不做二次授权，信息有可能会被其他泄露出去导致信息安全等问题。

因此，构建一个高效稳定、安全可靠、统一授权、集中认证模式的集中身份管理和身份认证平台已经成为各大高校数字化校园建设的重要目标。

身份认证管理平台应能实现身份数据的统一存储、统一管理，实现全校各类应用的单点登录，以及各类访问与操作的安全审计。同时，还提供便利的工具，便于系统的维护和管理。平台建设内容如图4-7所示。

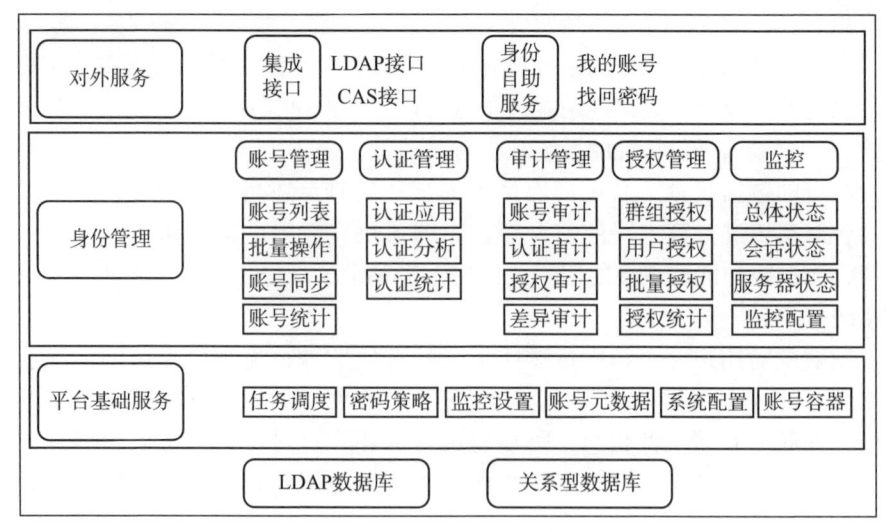

```
┌─────────────────────────────────────────────────────────────────┐
│          ┌──────┐  LDAP接口      身份              │
│  对外服务 │集成  │              自助   我的账号      │
│          │接口  │  CAS接口     服务   找回密码      │
│          └──────┘                                 │
├─────────────────────────────────────────────────────────────────┤
│          账号管理  认证管理  审计管理  授权管理  监控 │
│          ┌────┐ ┌────┐ ┌────┐ ┌────┐ ┌────┐        │
│  身份管理│账号列表││认证应用││账号审计││群组授权││总体状态│ │
│          │批量操作││认证分析││认证审计││用户授权││会话状态│ │
│          │账号同步││认证统计││授权审计││批量授权││服务器状态│ │
│          │账号统计││        ││差异审计││授权统计││监控配置│ │
├─────────────────────────────────────────────────────────────────┤
│ 平台基础服务 │任务调度│密码策略│监控设置│账号元数据│系统配置│账号容器│ │
├─────────────────────────────────────────────────────────────────┤
│            LDAP数据库           关系型数据库                │
└─────────────────────────────────────────────────────────────────┘
```

图 4-7 统一身份认证体系

4.7.1 基础服务

4.7.1.1 SSO 认证服务

单点登录（Single Sign On，SSO）系统的建设目标是要解决各应用系统用户名和口令不统一的问题，希望提供一套方便、安全的口令认证方法，让用户只要一套用户名和口令就可以使用网络上他有权使用的所有业务系统。一般市面上的开发商采用开源的 CAS 协议作为实现单点登录的底层技术平台。

4.7.1.2 目录服务

简单来说，目录服务就是按照树状信息组织模式，实现信息管理和服务接口的一种方法。目录服务系统一般由两部分组成：一种拥有描述数据规划的分布式数据库和访问与处理数据库有关的详细的访问协议。目录服务与关系型数据库不同的是，目录不支持批量更新所需要的事务处理功能，目录一般只执行简单的更新操作，适合于进行大量数据的检索；目录具有广泛复制信息的能力，从而，在缩短响应时间的同时，提高了可用性和可靠性。

目录服务与现有系统集成在一起充当一个集中化的身份信息库，用于将学生、教师和其他人员的信息集中存储。

4.7.1.3 身份数据存储

对用户的身份、角色、组织机构等进行系统化的管理。

4.7.1.4 账号数据同步服务

管理员可预先配置账号同步任务，并让这些任务按照事先设置好的时间循环执行，从而满足对身份账号数据的自动同步和处理。

4.7.1.5 身份自助服务

身份自助服务主要面向高校内的最终用户，包括所有学生、教师和工作人员。个人自助服务可满足用户对自己账号信息和密码信息的维护需求，同时，用户还可以查询到自己的账号的使用信息和维护信息。个人自助服务也包括用户找回密码的功能。

4.7.2 集成接口

4.7.2.1 认证方式

身份管理平台采用认证方式与登录方式分层的设计，可平滑扩展多种登录方式，如用户名口令、证书、智能卡等，支持多级登录处理认证机制。为防止暴力破解，一般提供附加图像码、二维码扫描、动态码等方式增加安全性。

4.7.2.2 认证服务接口

单点登录系统仅为应用程序提供两种类型的认证编程接口。对基于Java的应用系统（包括基于JSP的Web应用系统和基于Java的应用程序）可以使用Java编程接口；对于非Java的应用系统，可以使用.NET编程接口或PHP编程接口或官方其他语言接口。

4.7.2.3 负载均衡

负载均衡为身份认证服务和目录服务提供大并发访问下的高可用性，实现多机热备和负载均衡的能力，提高了硬件设备的使用效率。

4.7.2.4 身份管理控制台

(1) 账号管理。账号管理是身份管理平台内的一个关键功能项,旨在帮助管理员完成全校身份账号数据的增加、删除、修改、过期设置、锁定/解锁和加入组操作。同时,还提供高校使用场景特有的功能即转为校友功能。

(2) 认证管理。认证管理用于管理全校已经集成的所有应用系统,每个集成的应用系统均需要一个认证应用账号来进行身份认证集成和 SSO 集成。全校已经集成的应用系统在此功能中一目了然。

(3) 授权管理。对群组授权、用户授权、批量授权提供统一的管理渠道,并提供统计分析。

(4) 系统管理。系统管理功能主要包括一些对平台运行起支撑作用的数据管理和功能设置,包括操作日志管理、管理员管理和配置管理功能。

4.7.2.5 审计管理

安全审计功能旨在为管理员及时发现问题之用,可发现账号、认证和授权中出现的一些问题。

4.7.2.6 监控管理

为管理员提供了监控各项服务运行状态的平台,管理员可实时掌握系统的运行状态。

第5章

无线网建设

2015年3月5日,国务院总理李克强在第十二届全国人大第三次会议上作的《政府工作报告》中,首次提出"互联网+"的概念,此后,各地政府纷纷投入到"互联网+"的发展中,教育行业也迎来了一次"互联网+"的升级,"互联网+"逐步以各种方式渗透到高校日常工作和活动中。"互联网+教育"的出现,无疑使得在线学习、移动学习、泛在学习等快速发展,这些学习方式的快速应用需要移动设备和无线网络才能够进行。教育信息化的高速发展,对现有的校园联网形成迫切需求,而无线网络的高灵活性、低投资性、应用范围广等优势却得到完全展示,各个高校都顺应这一时代的需求,将无线网络建设作为高校建设的重要组成部分,纳入高校信息化建设中。

本章分别从无线网基础、高校无线局域网方案设计以及高校无线局域网设计实例三方面来讲述高校无线网的建设原则、关键技术、建设思路和规划因素,为更好地应用高校无线网提出一些建议。

5.1 无线网基础

在信息化社会,网络的应用需求越来越大。人们的生活、工作、学习都离不开网络,随时随地获取信息尤为重要。伴随着有线网络的广泛应用,以快捷、灵活著称的无线网络技术也在迅猛发展。无线局域网络(Wireless Local Area Network,WLAN)是相当便利的数据传输系统,它利用射频(Radio Frequency,RF)技术,使用电磁波取代旧式碍手碍脚的双绞铜线(Coaxial)或光缆构成的局域网络,在空中进行通信连接,使得无线局域网络能利用简单的存取架构让用户通过它,达到"信息随身化、便利走天下"的理想境界。无线局域网络弥补了有线局域网络组网方式受场地、工期、经费等限制较多的不足和缺陷，但无线局域网络不可能替代有线局域网络，它是用来弥补有线网络的不足之处，以达到有线网络的延伸和补充。

数据通信这一门古老的学科，正是由于无线网络这新鲜血液的出现，而到达了新的里程碑，它使得办公、学习和生活不会受到任何"线"制。在高校，只要有无线覆盖的区域，便可随时随地进行通信，瞬间实现移动办公，原本需要复杂布线、拆线的，诸如组建临时工作组、召开紧急会议等情况已不复存在。在校园里，师生们不论是在操场、草坪，还是在宿舍、教学楼，都可以方便地连入 Internet。无线网络注定是未来通信的发展方向，随着人们对它的不断关注以及无线网络在各领域成功案例的普及，相信一定会出现更多更好的应用。

5.1.1 无线局域网的发展历程

无线网络最大的优点就是可以让用户摆脱网线的束缚，随时随地进行网络沟通，获取资料。无线网络的历史起源可以追溯到第二次世界大战，当时，美国陆军采用无线电信号做资料的传输。1971年时，夏威夷大学研究员创造了第一个基于封包式技术的无线电通信网络 ALOHANET，算是相当早期的无线局域网（WLAN）。虽然，无线网络的结构还离不开有线的构架，但人们对它的依赖却日益增大。主要应用在政府机关、大学校园、物流管理、医疗方面等，可以说，在这些领域无线网络发挥着举足轻重的作用。

1997年，美国电子电气工程师协会（IEEE）制定了第一个无线局域网标准802.11，主要用于解决办公室局域网和校园网中用户与用户终端的无线接入，业务主要限于数据存取，速率最高只能达到2Mbps。

无线网络发展至今也有 60 多年的历史了，技术不断推陈革新，无线局域网 IEEE802.11 标准的制定是无线网络技术发展的一个里程碑。1999年9月，他们又提出了 802.11b"HighRate"协议，用来对 802.11 协议进行补充，802.11b 在 802.11 的 1Mbps 和 2Mbps 速率下又增加了 5.5Mbps 和 11Mbps 两个新的网络吞吐速率。利用 802.11b，移动用户能够获得同 Ethernet 一样的性能、网络吞吐率和可用性。这个基于标准的技术使得管理员可以根据环境选择合适的局域网技术来构造自己的网络，满足他们的商业用户和其他用户的需求。802.11 协议主要工作在 ISO 协议的最低两层：物理层和数据链路层上，并在物理层上进行了一些改动，加入了高速数字传输的特性和连接的稳定性。802.11g 工作在 2.4GHz 频段，使用 CCK 技术与 Wi-Fi 后向兼容，同时为支持更高的速率（54Mbit/s），802.11g 又采用了 OFDM 技术，可以说 802.11g 融合了 2.4GHz 及 5GHz 两个频段。802.11b 可以说是整个 WLAN 的基石，许多系统都需要与 802.11b 后向兼容；802.11a 是一个非全球性的标准，与 802.11b 后向不兼容，但采用 OFDM 技术，支持的数据流高达 54Mbit/s，提供几倍于 802.11b/g 的高速信道，如 802.11b/g 提供 3 个非重叠信道可达 8～12 个；802.11g 通过采用 OFDM 技术可支持高达 54Mbit/s 的数据流，所提供的带宽是 802.11a 的 1.5 倍，与 802.11b 后向兼容。目前，业内比较新的技术就是 802.11n，提供到 300Mbps 甚至高达 600Mbps。它的出现实现了高带宽、高质量的 WLAN 服务，使无线局域网达到以太网的性能水平。

5.1.2 无线局域网在高校的发展现状

随着无线网络技术的发展，无线校园网在高校也逐渐发展起来。1999 年，清华大学试验性地架设了基于 802.11b 标准的无线网络，随后，北京大学在 2002 年 5 月开始构建校园无线网络，率先实现了校园无线网，给有线网络进行了有力的补充和完善。该网络提供了 11Mbps 的无线带宽，支持近 5000 个无线用户，成为国内无线校园网建设的标杆。不久之后，中国人民大学、北京师范大学、西安交通大学、北京邮电大学、中国矿业大学、北京师范大学、武汉大学、上海同济大学、对外经贸大学等名校也根据自己的实际情况先后建立了自己的数字化无线校园网。

根据《高等教育信息化发展调研报告（2016）》显示，超过 93% 的高等院校已建立校园无线网络。其中，学校自建自维的比例高达 46.61%，与运营商共建的超过三成，交给运营商建设的比例占 11.76%，如图 5-1 所示。由此可见，随着无线网络技术的进步，教育需求和资源的变化、发展，无线网络已逐渐成为高校校园网的重要组成部分，无线校园网已经成为提升教学环境品质，提高教育资源利用率，增加教育灵活性和交流性的重要方式。校园无线网络作为数字化校园网的一个重要的补充，使得数据传递不再受到线缆和位置的约束，将校园打造成为真正的全立体覆盖的数字化校园。在此环境下，能够将校园安防、学籍管理、远程教学、数字支付等多元化的应用系统,在无线网络的支撑下,实现快速部署、全面覆盖。

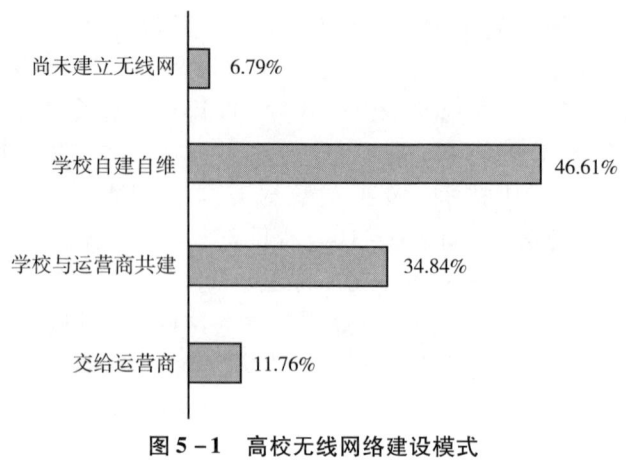

建设模式	比例
尚未建立无线网	6.79%
学校自建自维	46.61%
学校与运营商共建	34.84%
交给运营商	11.76%

图 5-1　高校无线网络建设模式

5.1.3　无线局域网的特点

无线局域网被看成是传统有线网络的延伸,在一些特殊环境中还可以替代有线网络。在使用过程中,无线网络有着以下显著的优势。

5.1.3.1　移动性

在信号覆盖区域,用户可以通过移动终端随时访问网络。设备安装快速、简单、灵活,省去烦琐的布线工程,还可以在一些不易布线的地方搭建网络。

5.1.3.2　减少投资

减少了布线的成本,适合频繁移动或者变化的办公区域。由于有线网络缺少灵活性,要求网络规划者尽可能地考虑未来发展的需要,这就往往导致需预设大量利用率较低的信息点,增加成本,而一旦网络的发展超出了设计规划,又要花费较多费用进行网络改造。无线局域网可以避免或减少以上情况的发生。

5.1.3.3　扩展能力

方便快捷地增加设备,从而应对日益增加的接入人群和接入需要。

5.1.3.4 安装便捷

一般在网络建设中,施工周期最长、对周边环境影响最大的就是网络布线施工过程。在施工过程中,往往需要破墙掘地、穿线架管,而无线局域网最大的优势就是免去或减少了网络布线的工作量,一般只要安装一个或多个接入点 AP(Wireless Access Point)设备,就可建立覆盖整个建筑或区域的局域网络。

5.1.3.5 使用灵活

在有线网络中,网络设备的安放位置受网络信息点位置的限制。而一旦无线局域网建成后,在无线网的信号覆盖区域内,任何一个位置都可以接入网络。

目前,无线局域网络的应用范围已经包括医院、学校、金融服务、制造业、服务业、公司应用、公共访问等,并且还在不断地发展中。在现阶段,中国市场上的无线局域网主要是应用于公众服务、企业内部、校园及地理位置较特殊的政府机构等领域。从发展趋势来看,随着产品价格和技术方面的日渐成熟,校园网对无线局域网应用会迅速增长,尤其是高等教育和科研机构,对无线局域网的需求不断增加,将为无线局域网发展创造更广阔的空间。

5.1.4 无线局域网的标准

虽然无线网络使用的传输介质是不可见电磁波,但仍需要像有线网络一样,在通信的无线设备两端使用相同的协议标准。随着技术的发展,无线网络协议标准也在不断发展和更新中。从某种意义上来说,技术越先进,无线网络的传输速度越快。例如 802.11g 的速度可以达到 54Mbps,而 802.11n 的速度则可以达到 300Mbps。

无线局域网有蓝牙(Bluetooth)、IEEE 802.11 系列、HiperLAN(High Performance Radio LAN)、HomeRF 技术等。其中,得到广泛应用的技术是 IEEE802.11 系列。

5.1.4.1 IEEE802.11 系列

1990 年,IEEE802 标准化委员会成立 IEEE802.11 无线局域网(WLAN)

标准工作组。IEEE802.11无线局域网标准工作组的任务是研究1Mbit/s和2Mbit/s数据速率、工作在2.4GHz开放频段的无线设备和网络发展的全球标准，并于1997年6月公布了该标准，它是第一代无线局域网标准之一。该标准定义物理层和媒体访问控制（Media Access Control，MAC）规范，允许无线局域网及无线设备制造商建立互操作网络设备。802.11标准中物理层定义了数据传输的信号特征和调制。在物理层中，定义了两个RF传输方法和一个红外线传输方法，RF传输方法采用扩频调制技术来满足绝大多数国家工作规范。在该标准中RF传输标准是跳频扩频和直接序列扩频，工作在2.4000GHz~2.4835GHz频段。直接序列扩频采用BPSK（Binary Phase Shift Keying）二进制相移键控和DQPSK（Differential Quadrature Reference Phase Shift Keying）四相相对相移键控调制技术，支持1Mbit/s和2Mbit/s数据传输速率。跳频扩频采用2~4电平GFSK（Gauss frequency Shift Keying）高斯频移键控调制技术，支持1Mbit/s数据传输速率，共有22组跳频图案，包括79个信道。红外线传输方法工作在850nm~950nm段，峰值功率为2W，支持的数据传输速率为1Mbit/s和2Mbit/s。

1999年802.11a标准制定完成，该标准规定WLAN工作频段为5.15GHz~5.825GHz，数据传输速率达到54Mbit/s或72Mbit/s，传输距离控制在10~100m。该标准也是802.11的一个补充，扩充了标准的物理层，采用正交频分复用的独特扩频技术和QPSK调制方式，可提供25Mbit/s的无线ATM接口和10Mbit/s的以太网无线帧结构接口，支持多种业务，如话音、数据和图像等，一个扇区可以接入多个用户，每个用户可带多个用户终端。

为了实现高宽带、高质量的WLAN，甚至要求WLAN能达到以太网的性能，因此美国电子电气工程师协会（IEEE）组委会又据此定义了802.11n。虽然802.11n是在2009年才正式使用，但是目前已经有很多多进多出（Multi-input Multi-output，MIMO）OFDM技术的厂商采用此标准了。802.11n可以实现传输速率高达300Mbps，甚至600Mbps。实现如此高的速率，主要是由于MIMO技术和OFDM技术相结合，实现MIMOOFDM传输，极大地提高了传输数据的质量。802.11n采用的是多组天线组成天线阵列，可以覆盖的范围可以达到几平方公里。这种智能天线技术，能随时根据需要而动态地调整波束，保证WLAN覆盖的区域内的每个用户都能接收到稳定的网络信号，还可以减少外在的干扰。802.11n采用的是一种新技术——软件无线电技术：基于一定硬件基础的，利用软件编程实现各种功能的技术。在此技术支持下，802.11n 可根据接收和发射的系统，采用不同的软件技术，实现不同的功能，进而使得基站和终端之间能相互兼容和互通。这样的技术不但使得 802.11n 可以和以往的 WLAN 标准相兼容，还可以使得 WLAN 和无线广域网之间相结合。

802.11ac 是 802.11n 的继承者。它采用并扩展了源自 802.11n 的空中接口概念，包括更宽的 RF 带宽（提升至 160MHz），更多的 MIMO 空间流（增加到 8），多用户的 MIMO，以及更高阶的调制（达到 256QAM）。从核心技术来看，802.11ac 是在 802.11n 标准之上建立起来的，包括将使用 802.11n 的 5GHz 频段。不过在通道的设置上，802.11ac 将沿用 802.11n 的 MIMO 技术，为它的传输速率达到 Gbps 量级打下基础，第一阶段的目标达到的传输速率为 1Gbps，目的是达到有线电缆的传输速率。

此外，802.11ac 还将向后兼容 802.11 全系列现有和即将发布的所有标准和规范，包括即将发布的 802.11s 无线网状架构以及 802.11u 等。安全性方面，它将完全遵循 802.11i 安全标准的所有内容，使得无线连接能够在安全性方面达到企业级用户的需求。根据 802.11ac 的实现目标，未来 802.11ac 将可以帮助企业或家庭实现无缝漫游，并且，在漫游过程中能支持无线产品的安全、管理以及诊断等应用。

802.11ac 标准的优点是提供了一种更接近于传统的蜂窝式无线网络的 Wi-Fi 体验。802.11ac 不仅提高了吞吐量，还能比以前的 Wi-Fi 版本更好地管理了通道绑定引起的互操作性问题。而且，802.11ac 利用更好的编码算法，天线配置也更加密集，所以更省电，还提高了 Wi-Fi 接入点（AP）的覆盖范围。所以，802.11ac 每个无线接入点可以支持更多用户。而且 802.11ac 的无线接入点是向后兼容 802.11n 的，所以，升级 AP 会变得非常简单。

它的缺点是任何复杂的技术都要有一个稳定的支撑，802.11ac 也不例外，它只有在基础设施能够支撑的情况下才能发挥它的优势性能。也就是说，虽然从理论上来看，802.11ac 能够提供高达 1Gbps 的传输速率，但是，必须有强大的硬件来支持它传输，这就显著增加了设备的复杂性。而如果没有相应的硬件来支撑，那么，我们也不会体验到 802.11ac 的高传输速率。

IEEE802.11 的各种标准之间的比较如表 5-1 所示。

表5-1　　　　　　　IEEE802.11的各种标准之间的比较

参数	802.11	802.11a	802.11b	802.11g	802.11n	802.11ac
发布时间（年）	1997	1999	1999	2007	2009	2013
工作频段	2.4GHz	5GHz	2.4GHz	2.4GHz	2.4GHz	5GHz
最高传输速率	2Mbps	54Mbps	11Mbps	54Mbps	600Mbps	1Gbps
兼容性能	—	—	兼容802.11	兼容前三种	兼容前四种和无线广域网	兼容802.11全系列
业务类型	数据	数据	数据	数据、图像	数据、语音、视频等	多路压缩视频流
物理层	—	CCK的DSSS	OFDM	CCK、OFDM	MIMO OFDM	MIMO OFDM
优点	—	传输速率快	技术成熟，成本低	传输速率快	传输速率很快，覆盖范围广	传输速率更快，覆盖范围更广
缺点	—	成本高	速率低，受频率干扰大	频率干扰大	频率干扰大	增加了设备的复杂性
使用情况	很少	未普及	广泛使用	发展潜力大	使用前景广泛	使用前景广泛

5.1.4.2 HiperLAN系列

HiperLAN是欧盟在1992年提出的一个WLAN标准，2000年，HiperLAN2标准制定完成。HiperLAN2部分建立在GSM基础上，使用频段为5GHz。在物理层上HiperLAN2和802.11a几乎完全相同：采用OFDM技术，最大数据传输速率为54Mbit/s。HiperLAN2标准详细定义了WLAN的检测功能和转换信令，用以支持更多无线网络，并支持动态频率选择、无线信元转换、链路自适应、多束天线和功率控制等。它和802.11a最大的不同是HiperLAN2不是建立在以太网基础上的，而是采用TDMA结构，形成一个面向连接的网络。HiperLAN2的面向连接的特性使它很容易满足服务质量（Quality of Service, QoS）要求，可以为每个连接分配一个指定的QoS，确定这个连接在带宽、延迟、拥塞、比特错误率等方面的要求。这种QoS支持与高传输速率一起保证了不同的数据序列（如视频、话音和数据等）可以同时进行高速传输。

HiperLAN 对应 802.11b，HiperLAN2 与 802.11a 具有相同的物理层，它们可以采用相同的部件。另外，HiperLAN2 强调与 3G 的整合。HiperLAN2 标准也是目前较完善的 WLAN 协议，支持 HiperLAN2 标准的厂商主要集中在欧洲地区。

5.1.4.3 HomeRF 系列

HomeRF 工作组是由美国家用射频委员会领导，于 1997 年成立的，其主要工作任务是为家庭用户建立具有互操作性的话音和数据通信网。2001 年 8 月推出 HomeRF2 标准，该标准集成了语音和数据传送技术，工作频段为 10GHz，数据传输速率达到 100Mbit/s，在 WLAN 的安全性方面主要考虑访问控制和加密技术。

HomeRF 是对现有无线通信标准的综合和改进：当进行数据通信时，采用 IEEE802.n 规范中的 TCP/IP 传输协议；当进行语音通信时，则采用数字增强型无绳通信标准。但是，该标准与 802.11b 不兼容，并占据了与 802.11b 和 Bluetooth 相同的 2.4GHz 频率段，所以，在应用范围上会有很大的局限性，更多的是在家庭网络中使用。

5.1.4.4 蓝牙技术

蓝牙（IEEE802.15）是一项最新标准，对于 802.11 来说，它的出现不是为了竞争，而是相互补充。蓝牙比 802.11 更具移动性，比如，802.11 限制在办公室和校园内，蓝牙能把一个设备连接到 LAN 和 WAN，甚至支持全球漫游。此外，蓝牙成本低、体积小，可用于更多的设备。但是，蓝牙主要是点对点的短距离无线发送技术，本质上，要么是 RF，要么是红外线。而且，蓝牙被设计成低功耗、短距离、低带宽的应用，严格来讲，不算是真正的局域网技术。

5.1.5 无线网的主要硬件设备

5.1.5.1 无线网卡

无线网卡也称无线网络适配器，是无线局域网最基本的设备，主要完成无线网络通信的功能。无线网卡的作用和以太网中网卡的作用基本相同，它作为无线局域网的接口，能够实现无线局域网各客户机间的连接与通信。无线网卡按照接口的不同可以分为以下几种。

第一种是笔记本电脑专用的个人电脑存储卡国际协会 PCMCIA（Personal Computer Memory Card International Association）接口网卡。

第二种是 USB 无线网卡，这种网卡不管是台式机用户还是笔记本用户，只要安装了驱动程序，都可以使用。

第三种是台式机专用的，插在 PCI 插槽上的 PCI 接口无线网卡。如果想在台式机上使用 PCMCIA 无线网卡，只需添置一块 PCI 转接卡即可。

第四种是在笔记本电脑中应用比较广泛的 MINI – PCI 无线网卡。MINI – PCI 为内置型无线网卡，是在 PCI 的基础上发展起来的。

5.1.5.2 无线接入点

无线接入点（Access Point，AP 或 Wireless Access Point，WAP）。AP 是无线局域网的重要组成单元，负责对站点（Station，STA）进行管理。在无线网络中，AP 的功能类似蜂窝结构中的基站。AP 上具有连接有线网络的接口，可以实现有线网络和无线网络之间的通信，作为有线网络和无线网络之间连接的桥梁。如图 5 – 2 所示的典型的无线 AP 组网结构图。

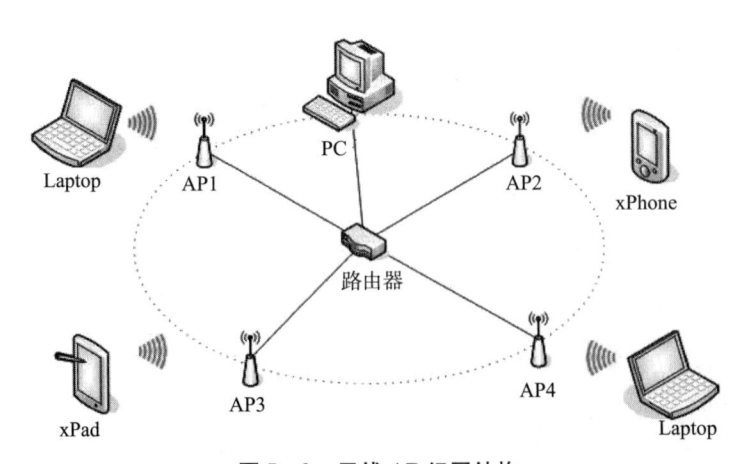

图 5 – 2　无线 AP 组网结构

AP 在大方向上可分为室外型 AP 和室内型 AP 两种，室内型 AP 根据不同的部署方式，又可分为放装式 AP、室分 AP、智分 AP 及面板式 AP。

AP 所要完成的基本功能有：（1）完成本 AP 内的站点对网络的接入访问以及本 AP 内不同站点之间的通信；（2）桥接功能，AP 对经过本 AP 内的数据包进行过滤、存贮和转发；（3）对本 AP 的站点进行控制和管理。

5.1.5.3 无线控制器

无线控制器 AC（Access Controller 或 Wireless Access Point Controller）是对 AP 进行集中控制、功率分配、负载均衡、统一部署、修改配置的网络设备。AC 是网络的核心设备，需提供冗余备份，来保证网络的可靠性。传统的无线局域网中，采用胖 AP 的组网方式。胖 AP，又称为自治型无线接入点，拥有自己的操作系统和配置管理系统，需要独立配置和管理。胖 AP 承担了用户数据的收发、用户数据的加密解密、用户的认证、配置相关信息等任务。由于大量的数据处理和管理工作影响了胖 AP 的工作效率，且采用胖 AP 的方式组网，覆盖区域小，覆盖区域分散，无法进行统一配置管理、无法实现灵活的扩展、不支持无缝漫游等原因，胖 AP 的组网方式，已经不能满足人们对无线网络的需求。

瘦 AP，又称轻型无线 AP，必须借助无线网络控制器进行配置和管理。随着无线技术的发展，现有的 Wi-Fi 网络多采用瘦 AP + AC 的组网方式。AC 在这种组网模式中，可以对网络进行集中的管理，支持无缝漫游，实现负载均衡等功能，减少网络维护和管理的工作量，尤其适用于大型可管可控的无线网络建设。相比传统的胖 AP 模式，瘦 AP + AC 模式可由将密集型的无线网络和安全处理功能从无线 AP 转移到集中的无线控制器中统一实现，大大简化了 AP 的管理和配置功能，顺应了无线网络技术的发展趋势。图 5-3 所示为典型的 WLAN 系统。

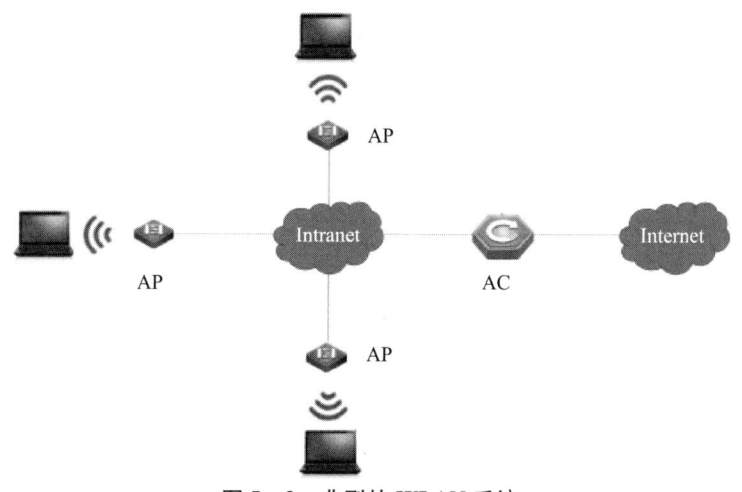

图 5-3 典型的 WLAN 系统

在这个组网中有1个AC和3个AP,AP可以和AC直连,或者被二层或三层网络隔离开。在初始化阶段,AP获取自身的网络配置,包括IP地址和DNS服务器的IP地址。AP使用一个发现机制来识别邻近的AC,它能请求DNS服务器提供AC的网络地址。

(1) 客户端如果想和其他客户端进行通信,必须与网络中的AP建立起连接。

(2) 然后AP与AC进行通信,认证客户端的身份。

(3) 一旦客户端被认证通过,它就可以和网络里的其他客户端进行通信了。

5.2 高校无线局域网方案设计

5.2.1 需求分析

在"互联网+"时代下,无线网络与智能手持终端的完美契合,不仅使海量的信息资源可以便捷、快速、直观地呈现在高校师生面前,因其"互联"的特性,使每一个终端背后的个体,可以超越时间与空间,进行沟通与交流,从而对无线网的建设产生了新的机遇和挑战。

5.2.1.1 随时随地上网的新需求

《第41次中国互联网络发展状况统计报告》中显示,截至2017年12月,我国手机网民规模达7.53亿人,网民中,使用手机上网人群的占比由2016年的95.1%提升至97.5%。在"互联网+"时代背景下,使用者上网习惯体现了知识的碎片化、移动性和连续性,随时随地接入无线网络推动了无线网络建设需求,也增加了获取知识的便利性。无线网络的使用,除了解决最底层的网络需求外,还可以通过完善学习软件来获取用户,提升用户使用率,也是校园无线网络建设的价值所在。

5.2.1.2 对高校传统教育的新冲击

随着智能终端的普及以及师生对移动终端依赖性的加强,使得信息的获取呈现即时性与海量性、信息传播的交互性以及传播范围的广泛性等特征,构成了对高校传统教育的强势冲击。这种冲击对学校传统的信息体系形成的冲击更为显著,迫使每一个学校及每一名教育者都去思考知识、信息的"资源共享"的问题。而学生完全可以在一个网络终端,获取任何已经在网的信息。

5.2.1.3　在高校教学中的新应用

校园无线网络是近年来校园网络的重要形式,自身具有便捷性和移动性特点,师生间用无线网络可以更好地交流与探讨,扩大了网络的使用范围,笔记本电脑、手机和 iPad 等都可以随时连接网络信号。教师运用无线网进行教学,可以在课前发布预习资料,学生可以提前预习所学知识,促进了教学模式的创新。在无线网络教学环境下,所有的教学程序都能及时得到反馈,强化了教学过程中的监督和检查以及教学方法,促进了教学管理的完善性。使用无线网络进行教学,一方面促进了学生对教学资源的快速接收,另一方面教师可以运用无线网教学进行教学资料的查找,提供更多优质的教学资源,推动校园信息化的快速发展。

5.2.1.4　校园应用的新需求

高校校园网络承载着学校网上办公、教学科研、安防监控、一卡通消费、互联网访问等多种业务。各种移动终端的普及,使学校广大师生员工越来越习惯于随时随地地访问和更新校园网资源,例如,学校教务、科研、人事、学籍、党团、后勤管理等各种校内办公子系统,还包括电子图书馆、教学资源库等教学资源支持子系统以及教科网和互联网上的各种资源。

5.2.1.5　运维和管理的需求

基于个人用户的运营管理。无线网络系统需要支持运营管理功能,能够根据单个用户实现用户管理,包括认证、计费、安全控制、QoS 控制等。满足生产、运营网络要求的运维和管理。校园无线网络规模大、环境复杂,因此,无线网络系统应该支持高效的运营网络级的管理功能,方便未来无线网络的运维管理。室内、室外、Mesh 系统一体化控制;所有 AP 均工作在同一控制器管理下,可在全网范围内实现无缝漫游、设备定位、自动射频管理和安全控制可分级的一体化网络管理系统;有线、无线网络管理相结合,集中与分布式管理相结合,为运营维护提供高效率和低成本。

5.2.2 设计原则

除满足全校师生对网络的需求，将校园无线网络覆盖到每一个可能对访问网络有需求的地方之外，还要考虑校园无线网络的兼容性、可靠性、安全性、实用性和扩展性。

5.2.2.1 兼容性

首先，要保证新建设的无线局域网要具有向下兼容的能力。该网络的设备不但要实现高速传输等功能，其硬件还要具有兼容之前有线网络的能力，软件也要保证实时更新等特点。

5.2.2.2 可靠性

该无线局域网设备不但要求在通常情况下能正常工作，还要保证在某些设备出现故障时，整个无线局域网络不会停止运行。

5.2.2.3 安全性

无线局域网具有很高的安全性能。网络入侵者在入侵该校园网络时，将会受到校园网入口站点的防火墙和反病毒软件的拦截。

5.2.2.4 实用性

在建设无线局域网的信息节点时，首先要分析该点弱覆盖的区域的人员接入网络的需求，并且还要考虑每个信息节点都能用上，但每两个信息节点不会有太多的重复区域。

5.2.2.5 扩展性

在对校园无线局域网进行方案分析时，首先，要保证网络结构清晰，只有清晰的网络才能完全规划好区域的信息节点分配。其次，要保证该网络设备要具有向上扩展的能力，因为无线网络技术在不断发展，各种技术也在不断更新，如果建网所用设备扩展性太差，那么很快就会被淘汰。

5.2.3　组网方式选择

到目前为止，无线局域网的工作模式经历了三代的发展：胖 AP（Fat AP，独立工作模式）、Fat AP+无线网关、瘦 AP（Fit AP，集中管理模式）。

独立工作模式是在一定区域内的有线局域网络的基础上，配置上无线接入点、服务器、网络管理器和适配器等管理系统。在这种模式下，接入点为各自的区域提供无线网络信号，供给各自的用户使用。这种模式具有灵活的可配置性、方便安装和小型用户实用性强等特点，主要应用于某一单独的个体或者小型区域内的无线局域网。如果针对大型的校园无线局域网来说，每个小型区域都配置这种工作模式，那么接入点就分散分布得很开，无法实现统一管理，并且较多这种接入点，建设网络的成本将大大增加。此外，如果遇到紧急问题时，维保人员处理起来较复杂。

Fat AP+无线网关是在之前的模式下融入了无线网关功能。从实质上说，这种模式可以归为 Fat AP 模式。相对第一种模式，这种模式改进了一些缺陷，较容易管理，出现问题时，维保人员也较容易查找问题。但是，如果在某一接入点的用户接入较多时，其网络性能就会大大降低，严重时会导致用户掉线的情况。

集中管理模式是为了克服上述模式的缺点基础上发展起来的。这种模式下，其设备主要有：AC（无线控制器）、Fit AP、综合访问管理服务器（Comprehensive Access Management Server）CAMS、无线网络控制器和无线传感器五部分组成。集中管理模式是在有线局域网络的基础上，无线控制器为主要的网络，加上 Fit AP 和无线传感器为网络控制部分，可以实现所有网络统一管理，可移动等优点。在集中管理模式中，每个接入点作为一个射频传感器设备，单独负责某一特定射频的通信。其中，无线控制器可以解决实现每个接入点的单独配置，所有接入点可以实现统一管理，和系统分配接入频点，并且能管理设置安全配置参数。这种模式可以比较灵活地组网，一个无线控制器可以扩展管理很多个接入点。在网络出现故障时，可以很快速地定位故障点，具有很高的安全性能，并且，其自身的故障恢复能力较强，可以自动解决一些较为简单的故障。此外，还可以根据不同的环境，设置不同的接入点工作状态和相应的参数。因此，集中管理模式克服了 Fat AP 模式中的一系列缺点，在大型局域网络中是理想的组网方式。

5.2.4 信息点覆盖方式选择

建设校园无线局域网时,需要对建设区域实现信息网络的无缝覆盖,以保证信息网络没有信号盲区,因此,需要根据不同的地域环境,选择不同的无线接入方式。一般来说,室内安装的无线局域网设备,根据不同的环境,其覆盖范围达到方圆 30m～100m 不等。室外的无线局域网设备,由于没有太多的障碍物,且发送功率比室内的大,其覆盖区域比室内的宽得多。但是,其也会根据地域环境而覆盖范围不同,一般在 100m～500m 之间。校园 WLAN 的覆盖方式主要有无线中继和桥接方式、无线网络和有线网络相结合方式,以及有线网络承载无线网络三种方式。

如果采用单一的无线局域网肯定是无法将整个校园覆盖起来的。因此,整个学校需要采用多个无线局域网,然后将这些网络通过某种方式连接起来。无线网络中连接两个局域网的方式有两种:中继模式和桥接模式。这两种模式都是实现任何两个无线局域网的连接,但是,在传输信息上却有区别。中继模式可以将网络中的某一个接入点接收到的信息,在经过一个或者几个无线局域网的中继连接模式后,可以发送给另一个接入点,具体的结构如图 5-4 所示。

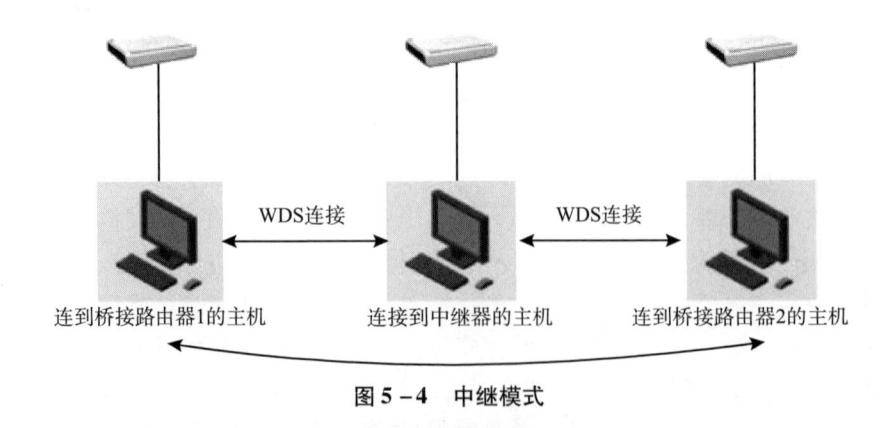

图 5-4 中继模式

桥接模式虽然也是连接无线局域网的设备,但是它无法在无线网络中发送信息,而是只能将接收的信息,转发到有线网络中或者是无线网络的主机中,其具体的结构如图 5-5 所示。如果将桥接模式和中继模式相结合,应用于整个校园网络中,室内接入点之间采用桥接模式接入网络,而室外的接入点采用中继模式连接，就可以将整个网络连接起来，室与室之间可以传输数据，而室内接入点之间传输数据也可以通过室外网络之间传送。但是，这种方式只能使用在接入用户数不多、用户分布范围小以及有线网络的布局较难的环境中。

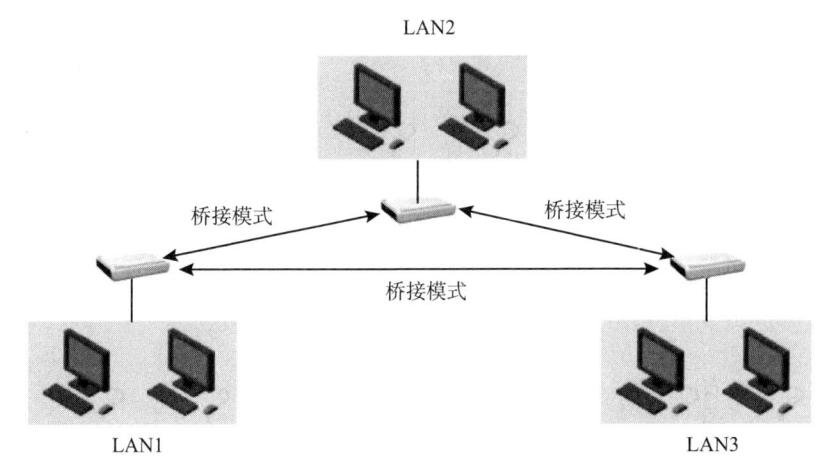

图 5－5　桥接模式

无线网络中，如果用户数量较多，那么用户访问网络的速率就会受到限制。在用户数量较多的地方，这种无线网的连接方式是无法满足用户访问网络的需求的，因此，可以由大楼的主要信息接入点处布线至每个室内的接入点，而大楼之间是采用无线网络接入到校园的主干以太网中。这种无线网络和有线网络相结合的方式，主要是针对用户数量较多的情况，比如图书馆、主教楼和行政楼等。但是布线较复杂的话，这种方式就不容易实现。

有线网络承载无线网络是指在已有的有线网络中，直接将各个接入点连接至相应的信息节点上。这种方式很容易架设，较容易施工。但是，需要满足已有的有线网络可以承载现有的无线网络对网络传输的需求。这种方式只需要在原有的有线网络中配线，就可以将网络连接至每个接入点中。但是，这种方式是无法满足大量网络用户的需求的，因此，不能采用单一的方式。

总体说来，高校校园无线网络建设主体可以采用无线网络和有线网络相结合方式以及有线网络承载无线网络两种方式，但是在用户数量较少的地方，可以考虑用无线中继和桥接方式来实现。

5.2.5 认证系统的选择

校园无线网的认证方式主要有两种：基于 IEEE 802.1x 的认证和基于 Web/Portal 的认证。

5.2.5.1 基于 IEEE 802.1x 的认证

IEEE802.1x 协议，其全称为基于端口的访问控制协议（Port Based Network Access Control Protoc01）。它能够在利用 IEEE 802 局域网优势的基础上，提供一种对连接到局域网的用户进行认证和授权的手段，达到接受合法用户接入，保护网络安全的目的。由于无线局域网的网络空间具有开放性和终端可移动性，因此，需要通过端口认证来防止学校以外的计算机加入本学校无线网络。802.1x 协议仅仅关注端口的打开与关闭，当合法用户（根据账号和密码）接入时，该端口打开，而当非法用户接入或没有用户接入时，该端口处于关闭状态。

802.1x 也存在着缺点，它需要定时向认证服务器发送信息来判断用户是否在线，这样造成了不必要的认证负担，而且，它需要定制客户端，给学校网络部门带来一定的维护成本和压力。

5.2.5.2 基于 Web/Portal 的认证

Web/Portal 认证最初是一种业务类型的认证，通过启动一个 Web 页面输入用户名和密码实现用户的认证。基于 Web 的认证方式主要采用动态主机设置协议（DHCP）来分配网络参数，主要涉及的网络设备，包括中心接入设备和业务控制服务器。其中，业务控制服务器可以为用户构造 IP 地址与 MAC 地址的对应表，并可以通过向中心接入设备，如交换机添加相应的访问控制列表（ACL），以便控制用户的访问权限。

无线校园网络主要服务于学校教师和学生，由于覆盖范围广、使用人员不固定，为确保使用人员上网操作简单便捷，可采用 Web/Portal 认证方式，无须安装客户端，打开浏览器就会弹出认证界面，输入正确用户名和密码，即可认证成功并使用无线网。

5.3　高校无线局域网设计实例

某高校无线校园网的建设，是为各类型用户提供一个移动学习和办公的"平台"，在该"平台"下的用户群主要是学生用户、教师用户、行政办公用户。

如图5-6所示，该高校无线校园网设计方案中的无线校园网是一个整网概念，具备独立的互联网出口，可以做到不依赖于有线接入网独立运行。设计中采用基于"瘦"AP+AC的单核心三层架构模型，网络按层次可划分为核心层、汇聚层、接入层。在核心层上，采用万兆交换机与校园网的其他核心设备互联，实现校园网核心业务功能的共享（核心设备较多的情况下可考虑组成环网）并在其上配备双AC设备冗余，以增强无线校园网的可靠性。无线接入点AP均放置于热点建筑中或室外空旷地带，通过楼宇交换机POE远程供电。POE交换机部署于各个配线间，通过千兆光纤上联至各汇聚交换机。此外，还在核心交换机上外挂一套综合服务系统，其中包括认证计费系统、日志审计系统、缓存加速系统、网络管理系统。通过综合服务系统来实现无线校园网的综合业务安全管理。网络出口处则采用专业的流控网关和集成一体化的出口网关，对出口的数据流量进行安全管理和控制。

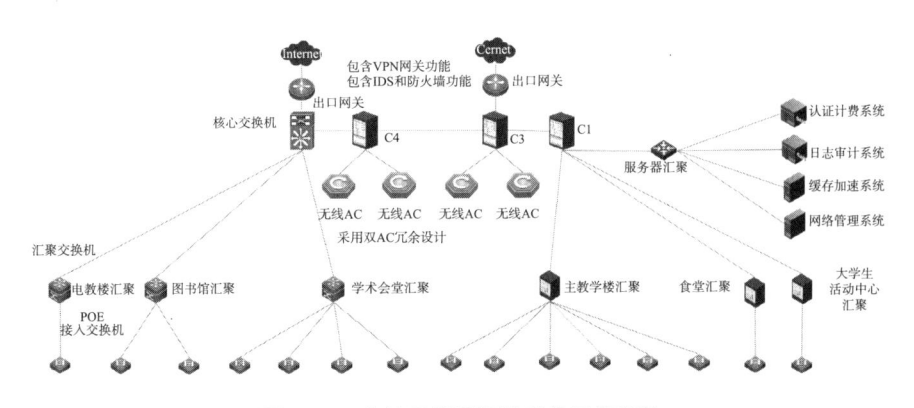

图5-6　高校无线网设计总体网络拓扑

无线校园网的认证计费系统通过与有线校园网的认证计费系统进行互

备份，达到统一认证平台的实现。在汇聚层和接入层上，根据楼宇和区域的实际情况可以采用三层和两层相结合的模式实现，对于接入点较多的区域采用三层结构来实现，即在接入交换机的基础上，再加上汇聚交换机对业务进行汇聚，而对某些用户数量较少的区域，则直接采用POE接入交换机直连核心交换机的两层结构，以减少不必要的网络设备部署，节约建设资金。网络的最底层，使用大量不同类型适用于各种应用场景的AP作为无线用户的接入点，完成无线部分的数据传输。此外，通过选购POE系列交换机，AP可以直接从POE交换机上获取供电，极大地提高了AP部署的灵活性。无线校园网的安全体系架构搭建上又细分为四个部分的设计：网络结构的安全设计、认证计费系统的设计、网络管理安全系统的功能设计、IP地址规划设计。

5.3.1 网络结构的安全设计

本设计是根据中等规模高校的实际情况，设计采用了"瘦"AP + AC的单核心三层架构方案。在核心交换机上，设计部署超大规模的智能AC设备，对全网所有AP进行集中式管理。由于采用的是三层架构的"瘦"AP + AC的集中式架构，所有的重要数据流都必须通过AC集中转发，一旦AC自身出现问题，无线网络将会瘫痪，为了充分保证无线网络的高可用性，本设计采用双AC冗余方式，来保证网络结构的安全。

双AC冗余设计采用AC的1 + 1快速热备份。采用两台AC设备分别与核心交换机互联，其中一台设置为主控制器，另一台设置为备控制器。网络里所有AP同时与两台AC建立CAPWAP道，连接主AC的链路设置为主链路，连接备AC的设置为备链路。AC间通过心跳检测机制快速检测AC的故障。当主控制器损坏时，备控制器立即切换为主控制器，与此同时，将所有AP的主CAPWAP通道切换到新的主控制器，保障业务不中断。当主控制器恢复正常后，又变回备份AC，链路也恢复与主控制器的主连接。

5.3.2 认证计费系统的设计

无线网络用户认证计费系统主要是实现有线、无线用户以及不同系统用户的统一认证,完成包括用户接入、认证、计费及用户管理的功能。为了保证用户使用的便捷性,本设计采用了准入准出的统一认证。对于802.1X认证用户在接入网络时,采用在客户端软件上自主选择内网还是外网,通过客户端软件的私有协议,就可以支持网络的自动切换功能。一旦用户身份得到认证,安全计费管理系统就会通过中间件与应用控制引擎的联动,实现准入和准出同时控制,即认证成功后,认证服务器就自动进入授权状态,根据用户授权的不同,采用不同的计费方式,开始计费,这样用户就不再需要两次认证,实现一次认证完成准入准出功能。对于WEB portal 认证用户,可采取先将认证信息交到出口的计费中心,再由计费中心传至认证中心,当用户由内网转至外网时,计费中心因为已有了认证信息,不再需要进行认证。通过对认证和计费网关设备的设置即可轻松实现。为保证认证的安全,确保入网用户身份合法、真实,实现内网的强安全可控、易定位和强审计,在准入认证端要求AC设备配置动态的自动绑定,即对用户实施ID + MAC + IP的多重绑定。在准出端则需要区分用户权限以及对其访问互联网行为进行记录,并针对是否可访问校外、可使用多少流量、可占多少带宽等权限进行定义。

目前,高校无线网大多采用WEB认证方式对无线用户的接入进行认证。WEB认证无须安装客户软件、与组网设备无关,终端设备只需打开浏览器访问任意URL,就会自动弹出认证界面,无线用户输入用户名和密码就可以访问网络,方便了用户的接入,同时,也减少了维护和管理的工作量。

在计费系统上,计费配置如下。

5.3.2.1 用户组

计费系统共建立了四个用户组,分别是VIP无线用户组、教师无线用户组、本科生无线用户组、研究生无线用户组。

5.3.2.2 计费策略

计费系统共建立了三种策略,分别是Default、教师无线计费、学生无线计费,如表5-2所示。

表 5-2　　　　　无线网用户组和相应的计费策略对应表

用户组＼计费策略	Default	教师无线计费	学生无线计费
VIP 无线用户组	√	×	×
教师无线用户组	×	√	×
本科生无线用户组	×	×	√
研究生无线用户组	×	×	√

（1）Default：不限时、不限流量、完全免费。

（2）教师无线计费：包月计流量，一个月为一周期，在此周期内前 5G 免费，超出则流量 4 元/G。具体计费策略是本月 1 日到下月 1 日之间，开户并使用无线网，流量不超过 5 个 G 的用户，免费上无线网。在此周期内流量超过 5G 的，流量 4 元/G。不超出则不扣费，但本月未使用的流量不会累加到下一个周期内。

（3）学生无线计费：包月计流量，一个月为一周期，每月缴纳 20 元可使用 15G 流量，超出则每 G 流量 4 元。具体计费策略是本月 1 日到下月 1 日之间，开户并使用无线网，缴纳 20 元一个月可以使用 15G 的流量。在此周期内，流量超过 15G 的，流量 4 元/G，不使用则不扣费，本月未使用的流量也不会累加到下一个周期内。

5.3.3　SSID 和 VLAN 划分设计

在无线校园网里，我们至少需要规划五种 VLAN，分别是无线用户的业务 VLAN（用于区分不同的业务）、无线用户 VLAN（用于区分不同区域的用户）、AP 的管理 VLAN（用于 AC 与 AP 的通信）、AC 的管理 VLAN、交换机的管理 VLAN。其中，AP 的管理 VLAN 用于 AP 到 AC 的通信，之所以将 AP 和无线用户的 VLAN 分开划分，是保护 AP 和 AC 通信的安全，增强其稳健性。AC 的管理 VLAN 用于外网远程登录 AC。交换机的管理 VLAN 用于交换机的远程管理。无线用户 VLAN 和无线用户的业务 VLAN 要考虑到实际情况，需灵活进行分配。

通常网络设备可分配的 VLAN 数量很大，这样才可以很好地支持无线校园网众多的业务需求。根据高校的要求，全网可根据业务实行单一 SSID

或多个 SSID 的设计，然而，唯一 SSID 的设计可以使得用户更轻松地寻找到无线校园网，方便统一管理，并且有利于实现全网的无缝漫游。在这里可以任取一个名字来表示，假设为 GXWXW（支持中文 SSID 的设备建议使用中文）。校园各区域使用不同的 VLAN 进行区分，并将 VLAN 统一映射到 GXWXW 中来，即一个 SSID 可以映射不同的 WLAN，不同的 WLAN 对应不同的 VLAN。在这里将不同区域的 ESS，规划一个号段的 VLAN 号，比如 400－600，AP 的管理 VLAN 规划从 800－899，又根据不同的业务分类将 VLAN100－VLAN110 规划对应不同的业务，包括无线校园网业务（两种认证方式分成不同的 VLAN）、来宾访问业务等（可根据不同学校的实际情况制定 VLAN 号范围）。

以宿舍区为例来说，根据不同的宿舍楼宇的分布，在 AC 上创建不同的 ESS，规划 ESS 关联 VLAN 号为 400－440，AP 的管理 VLAN 为 800－830（可以按照不同楼宇的顺序依次为 AP 分配），多出的 VLAN 号留作以后扩容使用。POE 交换机管理 VLAN 规划为 900－930（可按照分布的规则依次划分）。同一 ESS 内的 AP 管理 VLAN 使用同一 VLAN 号，同一 VLAN 中的无线用户可以互相访问，不在同一 ESS 映射 VLAN 的范围内的无线用户则拒绝二层访问，不同 ESS 的用户若想互相通信，可以在高层交换机和 AC 上设置互联 VLAN 来实现。这样做可以有效地把危险降低到区域的内部。根据校园某些区域的特殊要求，还可以设定 VLAN 用户隔离，禁止同一 ESS 范围内的用户间互相访问（例如，来宾业务映射的 VLAN 就禁止互相访问）。与此同时，还要对无线 AC 的管理 VLAN 以及其他应用系统的管理 VLAN 进行预留，保障控制管理类 VLAN 的使用。

在这里要说明一点，由于无线校园网的用户规模十分庞大，如果工作在 802.11n 模式下（集中模式下 AC 设备负担很大），不可能所有的数据都只采用集中转发的方式进行，所以，在安全性要求不高的区域要采用本地转发的方式进行数据转发。当进行本地转发方式转发数据时，就需要 AP 支持为无线用户数据打上 VLAN 标签的能力，转换为以太网倾从接入交换机直接转发。但是，本地转发模式并不支持三层漫游，所以，就要求 AC 要能够根据 AP 内的 STA 的实际情况来调整 AP 的工作模式，即是采用本地转发还是集中转发。

5.3.4 IP 地址规划设计

无线校园网里的 IP 地址规划，通常要考虑四种地址，分别是终端

STA 的 IP 地址、AP 的管理 IP 地址、AC 的 IP 地址和不同业务的网关 IP 地址。

STA 用户的 IP 地址和 AP 的管理 IP 地址都要求通过 DHCP Server 自动获得，不需要手工配置。DHCP Server 的位置通常都在核心层，可集成在某个设备模块上。例如，AC 或者核心交换机，也可以独立设置（推荐使用），当独立采用 DHCP Server 时，要求核心交换机能支持 DHCP relay 功能。这些 STA 和 AP 分配到的私网地址，要在出口网关上再通过 NAT 地址转换，才能访问互联网，通过这样的规划可以避免公网地址的浪费。

AC 的地址有两种且都需要静态手工配置，第一种地址用于 AC 和 AP 之间建立 CAPWAP 隧道。该地址分配通常有两种方式：一种是在 AC 上预设域名，AP 通过 DNS 服务器解析发现 AC 的地址，另一种在 DHCP 服务器上设定环回地址指向 AC 设备。第二种地址用于网管和 AC 的通信，可任意设置（推荐使用私网地址，保证高校的独立运营）。不同业务的网关地址需在网关交换机上进行配置，通常根据业务种类来选择公网或私网地址。由于网络里要分配的 IP 地址很多，因此，建议采用 B 类私网地址来进行划分。

在"互联网+"时代下，无线网作为高校信息化建设的重要部分，在高校教学中起到关键作用，在建设高校无线网时要合理有效，对高校无线网的维护应专业全面。高校无线网的建设中要充分考虑师生在教学中的广泛应用，还要关注无线网维护的安全策略、运维和管控，才能保证校园无线网的安全与畅通。

第 6 章

高校大数据建设

当移动通信和互联网给我们带来的生活方式、思维方式的巨大改变还没有消退的时候，大数据时代以排山倒海之势到来。随着大数据时代的到来，高校教育将发生深层次的变革，未来的十年，将是大数据引领下的智慧校园时代。相较于数字校园，智慧校园最核心的特征是通过各种智能终端、可感知设备和信息系统获取了海量的活动过程与状态数据，以及基于这些海量数据分析而掌握事物的规律，并由此开展智慧的应用。大数据技术最核心的价值在于对海量数据进行存储和分析，在高校的应用前景中，业务和技术的紧密结合非常重要，业务需求是所有数据分析的目的，做数据分析要先挖掘出分析对象，拥有了需求，高校才能有针对性地对数据进行分析，把数据深层次的价值挖掘出来，让它们为决策服务。

6.1 大数据概论

什么是大数据？大数据能为人们带来哪些益处？大数据如何改变人们的生活、工作和学习？大数据下的学校与过去有什么不同？本章将从大数据背景与影响、大数据定义与特征，以及大数据分析处理技术方面逐一介绍。

6.1.1 大数据背景与影响

随着电子信息技术和互联网的飞速发展，各种电子设备和数据终端迅速走入寻常百姓家庭，以移动通信发展为代表的手机等客户端产生大量的数据；以 PC 为代表的微机时代产生了大量的计算机数据；以数码相机为代表的电子设备产生大量的视频、图片数据；以互联网为代表的网络应用产生大量的 WEB 数据。因此，大数据的产生是源于信息技术的发展和普及，所以遍布全球的物联网、云计算、移动互联网、车联网、手机、平板电脑、PC 以及各种各样的传感器，无一不是数据来源或者承载的方式。

6.1.1.1 移动互联网的发展，App 等应用程序的出现，使得大数据的数据来源呈现爆炸式增长

在移动互联网时代，大数据的来源层有两个方面，一方面是面向个人的数据来源前端，如各种各样的 App；一方面是面向企业服务的 Saas 服务的产品。面向个人用户的 App，以满足用户的需求为主要出发点，产生用户的数据，这些数据包括以个人为基础的数据，也包括群体数据，随着 App 用户量的增长，这些 App 数据就成了大数据面向企业服务的 Saas 服务，通过为企业提供一套完整的解决方案，而产生数据。

6.1.1.2 云存储技术的出现，为大数据解决了数据存储问题

使用云存储技术将数据存储在云主机上，保证数据的安全、稳定、高效都需要云存储技术来完成。云存储主要负责数据的存储以及计算，如果没有云存储技术，大数据就不能得到发展。

云存储满足了海量数据的存储需求，随着移动互联网的快速发展，传统的存储方式已经在容量、性能、智能化等方面无法满足需求。云存储的出现，从功能上弥补了传统存储的不足，通过虚拟化大容量存储、分布式存储和自动化运维等功能，实现了存储空间无限增加和扩容，自动化和智能化功能提高了存储效率。另外，规模效应和弹性扩展，降低运营成本，避免资源浪费。

云存储技术节省了开发者的成本。应用程序在使用过程中产生大量的数据，对于这些数据来说，如果让企业自身去开发一款分布式的存储系统，这可能需要构建一个几十人的开发团队，成本也会大大增加，而通过使用云存储，可以节约企业成本，让企业发展更加迅速。

云存储技术为大数据分析提供了基础依据，作为大数据的存储服务商，云存储有着非常大的数据挖掘潜力，云存储平台为大数据的分析提供了"水"的来源，有了这些数据，同时配置上一些数据分析工具，完全可以产生一些非常有价值的分析数据报告。

这些都是云存储在存储的数据体量达到大数据的特征后，能做的一系

列的分析依据。所以说，云存储是大数据发展中的最重要的一个环节。

6.1.1.3 云计算作为计算资源的底层，支撑着上层的大数据处理

大数据的存在形式多种多样，这也决定了大数据的处理非常困难，需要运用数学、统计学、物理学等知识进行全方位的研究。云计算是一种按使用量付费的模式，这种模式提供可用的、便捷的、按需的网络访问，进入可配置的计算资源共享池（资源包括网络、服务器、存储、应用软件、服务），这些资源能够被快速提供，只需投入很少的管理工作，或与服务供应商进行很少的交互，云计算甚至可以让你体验每秒10万亿次的运算能力。

大数据的总体架构包括三层：数据存储、数据处理和数据分析。类型复杂和海量由数据存储层解决，快速和时效性要求由数据处理层解决，价值由数据分析层解决。数据先要通过存储层存储下来，然后根据数据需求和目标来建立相应的数据模型和数据分析指标体系，对数据进行分析产生价值，而中间的时效性又通过中间数据处理层提供的强大的并行计算和分布式计算能力来完成，三层相互配合，让大数据最终产生价值。

6.1.2 大数据定义及特征

大数据本身是一个比较抽象的概念，单从字面来看，它表示数据规模的庞大，但是，仅仅数量上的庞大显然无法看出大数据这一概念和以往的"海量数据"（massive data）"超大规模数据"（very large data）等概念之间有何区别。对于大数据尚未有一个公认的定义，不同的定义基本是从大数据的特征出发，通过这些特征的阐述和归纳试图给出其定义。在这些定义中，比较有代表性的是3V定义，即认为大数据需满足3个特点：规模性（volume）、多样性（variety）和高速性（velocity）。除此之外，国际数据公司（International Data Corporation，IDC）认为大数据应当具有价值性（value）。维基百科对大数据的定义为：大数据是指利用常用软件工具捕获、管理和处理数据所耗时间超过可容忍时间的数据集。

相比于传统的数据库应用，大数据分析具有数据量大、查询分析复杂等特点。大数据的四个"V"是指大数据有四个层面特点。

规模性：数据体量巨大，从TB级别，跃升到PB级别。

多样性：数据类型繁多，如网络日志、视频、图片、音频、文档、地

理位置信息，等等。

高速性：处理速度快，极短的时间可从各种类型的数据中快速获得具有较高价值的信息，这一点也是和传统的数据挖掘技术有着本质的不同。

价值性：只要合理利用数据并对其进行正确、准确地分析，将会带来很高的价值回报。

6.1.3 大数据结构类型及技术

当今企业存储的数据不仅仅是内容多，结构也发生了极大改变，不再仅仅是以二维表的规范结构存储。大量的数据来自不是结构化的数据类型，如办公文档、文本、图片、XML、HTML、各类报表、音频和视频等。并且，这些数据比起结构化数据数量巨大且增长迅速。大数据结构类型有以下几个。

结构化数据：包括预定义的数据类型、格式和结构的数据。例如，关系型数据库中的数据。

半结构化数据：具有可识别的模式并可解析的文本数据文件。如，自描述和具有定义模式的XML数据文件。

准结构化数据：具有不规则数据格式的文本数据，使用工具可以使之格式化。例如，包含不一致数值和格式化的网站点击数据。

非结构化数据：没有固定结构的数据，字段长度可变，并且，每个字段的记录又可以由可重复或不可重复的子字段构成的数据库，用它不仅可以处理结构化数据（如数字、符号等信息），而且更适合处理非结构化数据（全文文本、图像、声音、影视、超媒体等信息）。

大数据本身是一个现象而不是一种技术，伴随着大数据的采集、传输、处理和应用的相关技术就是大数据处理技术，是一系列使用非传统的工具来对大量的结构化、半结构化和非结构化数据进行处理，从而获得分析和预测结果的一系列数据处理技术，或简称大数据技术。

6.1.3.1 大数据采集技术

大数据采集技术是指通过RFID射频数据、传感器数据、社交网络交互数据及移动互联网数据等方式获得的各种类型的结构化、半结构化（或称之为弱结构化）及非结构化的海量数据，是大数据知识服务模型的根本。大数据采集一般分为大数据智能感知层：主要包括数据传感体系、网络通信体系、传感适配体系、智能识别体系及软硬件资源接入系统，实现对结构化、半结构化、非结构化的海量数据的智能化识别、定位、跟踪、接入、传输、信号转换、监控、初步处理和管理等。

6.1.3.2 大数据预处理技术

主要完成对已接收数据的抽取、清洗等操作。

（1）抽取：因获取的数据可能具有多种结构和类型，数据抽取过程可以将各种类型复杂的数据转化为单一的或者便于处理的构型，以达到快速分析处理的目的。

（2）清洗：所有的大数据，并不全是有价值的，有些数据与用户关心的内容无关，而另一些数据则是完全错误的干扰项，因此要对数据过滤和去噪，从而提取出有效数据。

6.1.3.3 大数据存储及管理技术

大数据存储与管理要用存储器把采集到的数据存储起来，建立相应的数据库，并进行管理和调用。重点解决复杂结构化、半结构化和非结构化大数据管理与处理技术。主要解决大数据的可存储、可表示、可处理、可靠性及有效传输等几个关键问题。开发可靠的分布式文件系统（DFS）、能效优化的存储、计算融入存储、大数据的去冗余及高效低成本的大数据存储技术；突破分布式非关系型大数据管理与处理技术，异构数据的数据融合技术，数据组织技术，研究大数据建模技术；突破大数据索引技术；突破大数据移动、备份、复制等技术；开发大数据可视化技术。开发新型数据库技术，数据库分为关系型数据库、非关系型数据库以及数据库缓存系统。其中，非关系型数据库主要指的是 NoSQL 数据库，分为：键值数据库、列存数据库、图存数据库以及文档数据库等类型。关系型数据库包含了传统关系数据库系统以及 NewSQL 数据库。开发大数据安全技术，改进数据销毁、透明加解密、分布式访问控制、数据审计等技术；突破隐私保护和推理控制、数据真伪识别和取证、数据持有完整性验证等技术。

6.1.3.4 大数据分析及挖掘技术

（1）可视化分析。数据可视化无论对于普通用户或是数据分析专家，都是最基本的功能。数据图像化可以让数据自己说话，让用户直观地感受到结果。

(2) 数据挖掘算法。数据挖掘就是从大量的、不完全的、有噪声的、模糊的、随机的实际应用数据中，提取隐含在其中的、人们事先不知道的但又是潜在有用的信息和知识的过程。数据挖掘涉及的技术方法很多，有多种分类法。根据挖掘任务可分为：分类或预测模型发现，数据总结、聚类、关联规则发现，序列模式发现，依赖关系或依赖模型发现，异常和趋势发现，等等；根据挖掘对象可分为：关系数据库、面向对象数据库、空间数据库、时态数据库、文本数据源、多媒体数据库、异质数据库、遗产数据库以及环球网WEB；根据挖掘方法分可粗分为：机器学习方法、统计方法、神经网络方法和数据库方法。机器学习中可细分为：归纳学习方法（决策树、规则归纳等）、基于范例学习、遗传算法等。统计方法中可细分为：回归分析（多元回归、自回归等）、判别分析（贝叶斯判别、费歇尔判别、非参数判别等）、聚类分析（系统聚类、动态聚类等）、探索性分析（主元分析法、相关分析法等），等等。神经网络方法中，可细分为：前向神经网络（BP算法等）、自组织神经网络（自组织特征映射、竞争学习等），等等。数据库方法主要是多维数据分析或OLAP方法，另外还有面向属性的归纳方法。

(3) 语义引擎。语义引擎需要设计到有足够的人工智能足以从数据中主动地提取信息。语言处理技术包括：机器翻译、情感分析、舆情分析、智能输入、问答系统，等等。

(4) 数据质量和数据管理。数据质量与管理是管理的最佳实践，透过标准化流程和机器对数据进行处理可以确保获得一个预设质量的分析结果。

6.1.3.5 大数据展现与应用技术

大数据技术能够将隐藏于海量数据中的信息和知识挖掘出来，为人类的社会经济活动提供依据，从而提高各个领域的运行效率，大大提高整个社会经济的集约化程度。在我国，大数据将重点应用于以下三大领域：商业智能、政府决策、公共服务。例如：商业智能技术，政府决策技术，电信数据信息处理与挖掘技术，电网数据信息处理与挖掘技术，气象信息分析技术，环境监测技术，警务云应用系统（道路监控、视频监控、网络监控、智能交通、反电信诈骗、指挥调度等公安信息系统），大规模基因序列分析比对技术，WEB信息挖掘技术，多媒体数据并行化处理技术，影视制作渲染技术，其他各种行业的云计算和海量数据处理应用技术等。

6.2 高校大数据平台建设

大数据科学决策是高校治理体系和治理能力现代化的关键。在教育领域中，管理和决策越来越依赖于数据和分析，而非基于经验和直觉。随着 RFID、二维码、视频监控、普适计算等智慧校园信息技术的应用，高校信息管理系统、一卡通系统、校园 BBS 论坛、贴吧、网站点击流量、通信设备、监控系统等产生的数据量呈几何级数快速增长，采用新型技术对海量数据进行有效分析和处理，提炼出有价值的数据信息供学校管理部门参考决策，将使得智慧理念在高校管理中真正得以实现。然而，目前大多数高校积累的数据缺乏统一的技术规范和数据编码，自行设计教育资源和管理信息的格式，或者采用了一些互不兼容的信息系统，导致学校各部门之间无法进行有效的信息交换和资源共享。这些数据资源没有得到相应的整合和开发，更谈不上利用这些数据对学校的教学、科研、管理等各项事务进行预测和分析。构建大数据平台，将这些海量、分散、异构的数据资源集成起来达到共享、融合，通过多维度、多层次、多群体、多因素数据分析并形成一定的应用模式，从中分析和挖掘潜在的价值，去解决高校事业的"瓶颈"问题，是将大数据应用于教育领域的重要举措。

高校大数据平台作为高校统一的数据采集、处理、服务和运营的平台，通过"统一采集、统一存储、统一管理、统一运营和统一服务"，实现全校数据资源的集中及整合，构建统一的数据模型，提高数据的处理效率与共享程度，为全校各个部门提供"按需"的服务能力，逐步形成大数据的良性生态圈，辅助学校决策，彰显数据价值。

6.2.1 高校大数据平台总体架构

大数据平台的目标就是为高校智慧校园系统提供一个稳定、集成、可靠的数据环境。在全校信息模型的基础上，构建合理的数据存储模式，建立跨部门异构数据库之间的数据交换平台，使学校各个应用系统具有合理的数据分布，并满足各个应用系统之间的数据交换需求，满足为全校教工、学生提供全方位信息服务的需求，满足学校决策的信息支持需求，如跨部门的综合信息统计、分析和评价。

6.2.1.1 应用架构

高校大数据的处理流程与一般行业数据的处理过程类似，可以定义为在合适工具的辅助下对广泛异构的数据源进行抽取和集成，将结果按照一定的标准统一存储，利用大数据分析引擎技术对存储的数据进行分析，从中提取有益的知识，并利用 BI 工具将结果展现给终端用户。具体来说可以分为数据抽取与集成、数据分析和数据展示，如图 6-1 所示。

图 6-1 大数据中心应用架构

6.2.1.2 功能架构

大数据平台是一个可扩展的数据平台，全面整合校内业务数据，建立从业务层到管理层再到决策层的数据智能分析体系，使管理者能够及时掌握全面状况，迅速做出科学决策，如图 6-2 所示。

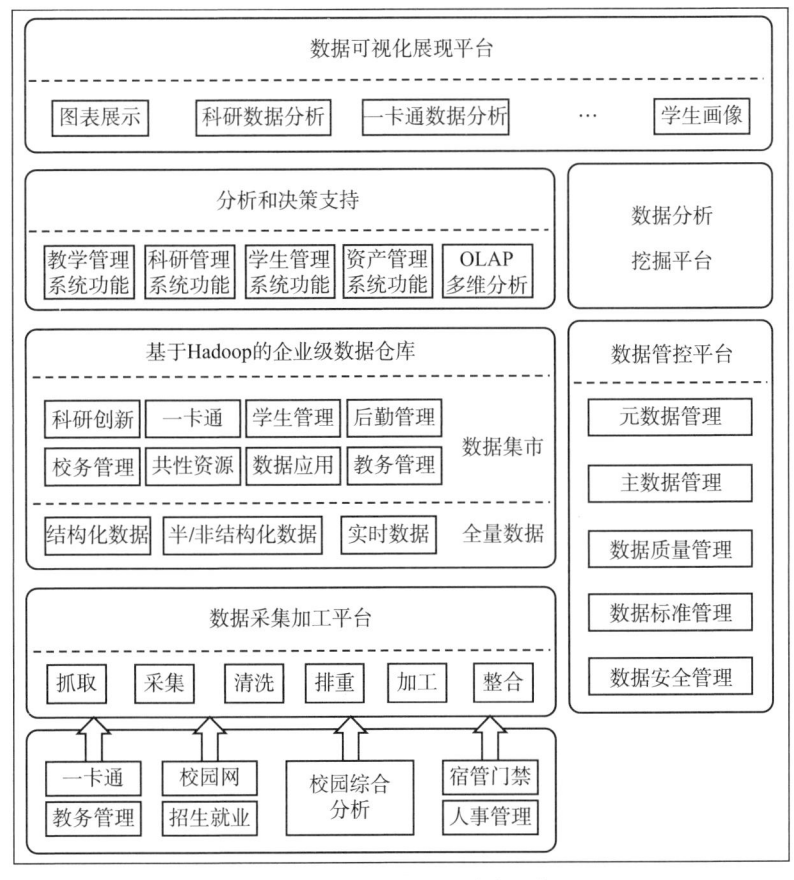

```
┌─────────────────────────────────────────────────────────────┐
│                     数据可视化展现平台                        │
│  ┌──────┐  ┌──────────┐  ┌──────────┐   …   ┌──────┐       │
│  │图表展示│  │科研数据分析│  │一卡通数据分析│        │学生画像│       │
│  └──────┘  └──────────┘  └──────────┘       └──────┘       │
│                                                              │
│  ┌──────────────────────────────────┐  ┌──────────┐         │
│  │         分析和决策支持             │  │ 数据分析  │         │
│  │ ┌────┐┌────┐┌────┐┌────┐┌────┐ │  │ 挖掘平台  │         │
│  │ │教学││科研││学生││资产││OLAP│ │  │          │         │
│  │ │管理││管理││管理││管理││多维│ │  │          │         │
│  │ │系统││系统││系统││系统││分析│ │  │          │         │
│  │ │功能││功能││功能││功能│└────┘ │  │          │         │
│  │ └────┘└────┘└────┘└────┘       │  │          │         │
│  └──────────────────────────────────┘  └──────────┘         │
│                                                              │
│  ┌──────────────────────────────────┐  ┌──────────┐         │
│  │    基于 Hadoop 的企业级数据仓库    │  │数据管控平台│         │
│  │ ┌────┐┌────┐┌────┐┌────┐        │  │ ┌──────┐ │         │
│  │ │科研││一卡││学生││后勤│        │  │ │元数据 │ │         │
│  │ │创新││通  ││管理││管理│ 数据集市│  │ │管理   │ │         │
│  │ └────┘└────┘└────┘└────┘        │  │ └──────┘ │         │
│  │ ┌────┐┌────┐┌────┐┌────┐        │  │ ┌──────┐ │         │
│  │ │校务││共性││数据││教务│        │  │ │主数据 │ │         │
│  │ │管理││资源││应用││管理│        │  │ │管理   │ │         │
│  │ └────┘└────┘└────┘└────┘        │  │ └──────┘ │         │
│  │ ┌────┐┌──────┐┌────┐            │  │ ┌──────┐ │         │
│  │ │结构││半/非结││实时│ 全量数据   │  │ │数据质 │ │         │
│  │ │化数││构化数 ││数据│            │  │ │量管理 │ │         │
│  │ │据  ││据    │└────┘            │  │ └──────┘ │         │
│  │ └────┘└──────┘                  │  │ ┌──────┐ │         │
│  └──────────────────────────────────┘  │ │数据标 │ │         │
│                                        │ │准管理 │ │         │
│  ┌──────────────────────────────────┐  │ └──────┘ │         │
│  │        数据采集加工平台            │  │ ┌──────┐ │         │
│  │ ┌──┐┌──┐┌──┐┌──┐┌──┐┌──┐      │  │ │数据安 │ │         │
│  │ │抓││采││清││排││加││整│      │  │ │全管理 │ │         │
│  │ │取││集││洗││重││工││合│      │  │ └──────┘ │         │
│  │ └──┘└──┘└──┘└──┘└──┘└──┘      │  └──────────┘         │
│  └─────▲─────▲─────▲─────▲─────▲────┘                      │
│  ┌────┐ ┌────┐ ┌──────┐ ┌────┐                             │
│  │一卡通│ │校园网│ │校园综合│ │宿管门禁│                          │
│  │教务 │ │招生 │ │ 分析 │ │人事  │                          │
│  │管理 │ │就业 │ │     │ │管理  │                          │
│  └────┘ └────┘ └──────┘ └────┘                             │
└─────────────────────────────────────────────────────────────┘
```

图 6-2　大数据中心功能架构

大数据平台主要分为六大功能子平台。

（1）数据采集加工平台：建立统一的数据采集加工平台，供大数据平台从各业务系统及外部环境采集、加工、清洗、爬取数据。

（2）数据存储平台：由 Hadoop 系统和内存数据库共同构成，其中 Hadoop 系统用于存储全量数据。在 Hadoop HDFS 存储之上，运用 HABSE、HIVE、SPARK 等组件，满足用户不同分析场景的需求，这些组件将通过数据分析层调用。基于内存的关系型数据库作为热数据管理，主要用于实时和大规模、高并发的复杂分析场景。

（3）数据分析挖掘平台：建立基于 Hadoop 的企业级数据仓库，创建不同应用类型的数据集市。数据集市是数据仓库的一个子集，主要面向特定业务，并且只面向某个具体主题。在大数据平台中，数据集市的功能应该被整合和强化。依据业务功能，数据集市将被划分为一系列主题集市，按照业务独立性的原则，这些主题相关的核心数据分析将在独立的数据集市内完成，部分有交叉的分析主题可能在其他分析模块中实现。利用Hadoop生态系统的组件以及内存数据库提供的数据分析能力实现业务分析场景。数据分析层既包含用户的业务应用，也包含具体的分析类型，如实时查询、数据挖掘等。

（4）数据管控平台：为大数据平台提供元数据管理、主数据管理、数据质量管理、数据标准管理、数据安全管理等服务。

（5）数据可视化展现平台：包括可视化交互查询、图表展示、学生画像等。

6.2.1.3 技术架构

大数据平台有关硬件设备主要是部署于数据中心机房的服务器设备、网络设备、存储设备、负载均衡器、VPN、防火墙等硬件设备。

基于分布式容器集群管理系统构建的服务器虚拟化资源池，可为各类应用、分布式计算和存储服务组件提供多租户的容器资源分配及调度管理、应用打包部署及运行、服务注册和发现、动态扩缩、均衡容灾等资源管理服务，如图6-3所示。

通过ETL、Sqoop等技术抽取校内各个业务系统中的数据到大数据中心；通过Kafka/Flume实现校内物联网设备状态、控制以及日志信息，也包括业务系统的日志信息等；通过自开发的网络爬虫工具从互联网爬网数据到大数据平台中。

由商业版Hadoop系统和SAP HANA共同构成，其中Hadoop用于存储全量数据。在Hadoop HDFS存储之上，运用HABSE、HIVE、SPARK等组件，满足用户不同分析场景的需求，这些组件将通过数据分析层调用。基于内存的关系型数据库——SAP HANA作为热数据管理，主要用于实时和大规模、高并发的复杂分析场景。用户可通过浏览器访问相关的应用服务。

6.2.2 软硬件配置

基础软件硬件环境属于数据中心的最底层，主要包括数据中心的存储、备份、灾备以及机房建设等内容。

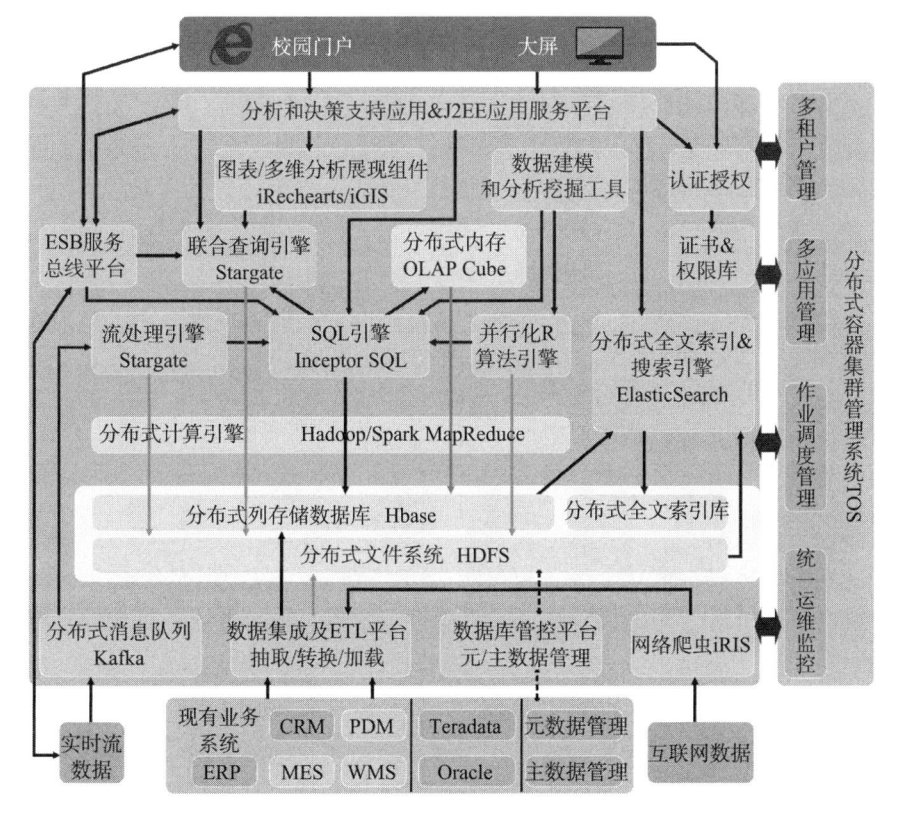

图 6-3 大数据平台技术架构

6.2.2.1 数据中心存储模块

集中存储系统选择目前使用最广泛、应用最为稳定的 SAN 网络存储系统，对生产中心的数据进行集中存储管理。针对各应用服务器数据的重要性和价值的不同，选择不同的存储介质。根据数据的生命周期，采用分级存储的架构，对于一些重要的数据，并且经常使用的数据，存储在性能和价格较优的 SAS 硬盘中；对于重要程度相对低一点的数据则采用大容量的 SATA 硬盘作为存储介质；针对热点数据采用高速的 SSD 磁盘，如图 6-4 所示。

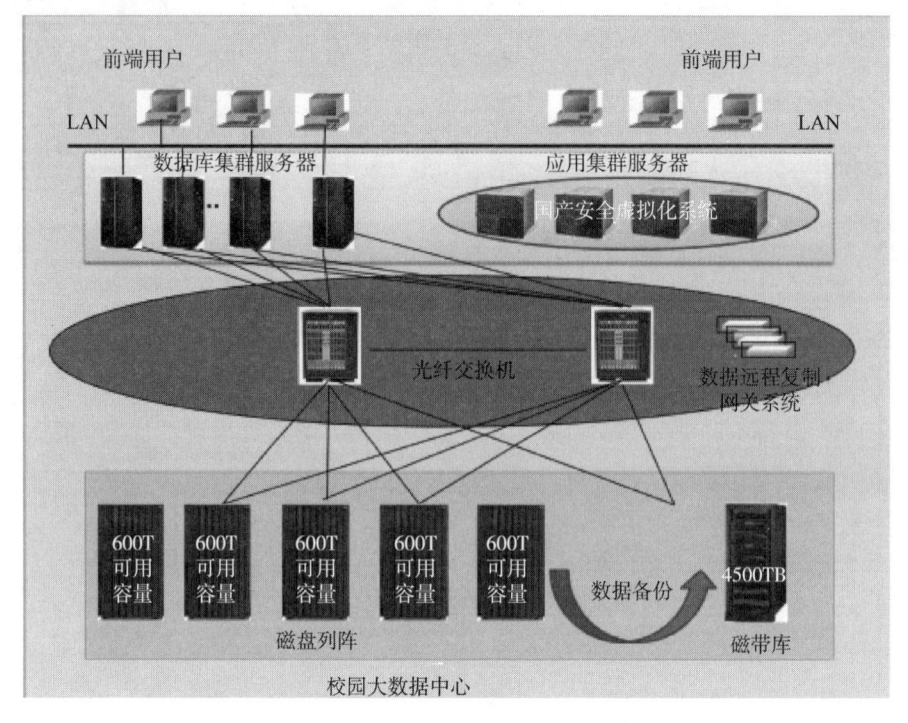

图 6-4 校园大数据中心存储架构

存储平台主要由服务器、磁盘阵列、光纤交换机和虚拟磁带库系统构成，服务器通过 HBA 卡分别连接到 2 台光纤交换机上，通过光纤交换机上访问后端的磁盘阵列，为数据中心各业务平台提供业务访问和数据集中存储处理功能，通过光纤交换机上访问后端的虚拟磁带库，为数据中心各业务平台生产数据提供策略化的数据备份。

6.2.2.2 数据中心备份模块

校内各业务平台系统以及未来逐步上线的其他管理系统以虚拟化的方式进行部署，面对大数据量的安全防护，面对错综复杂的管理要求和扩展要求，为确保业务能够连续开展，数据能够安全备份，同时提高业务系统的容灾能力，提高灾难应急水平的迫切需求，需要建立完整的数据备份系统，使数据备份实现策略化、自动化，减少系统管理员的工作量，使业务系统得到有效的保护，增强信息基础设施和重要信息系统灾难恢复能力。为一些极其关键的业务应用构建应急恢复机制，建立可用备用应急系统和数据，保证业务数据不丢失；为重要业务系统的数据提供有效的备份机制，以保证数据意外丢失时能尽快恢复，将损失降到最低点。

根据上面的需求，对于备份系统，建议整个系统应该具有如下的功能和可扩展性：

建立具有跨平台、多应用备份保护的统一安全备份解决方案，支持Windows、Linux、Unix等主流操作系统，32位与64位异构硬件平台一体化的备份解决方案；

全面支持虚拟化环境的虚机数据保护，支持KVM等主流虚拟化平台的备份保护，能够与虚拟化环境实现紧密集成，支持无代理的虚拟机备份方式，可以利用数据块变化（CBT）功能实现快速备份和恢复；

支持Oracle、SQL Server、MySQL、DB2、MangoDB、SAP HANA等主流数据库在线备份和灾难恢复，支持数据库支持的增量（或差异）、日志备份和数据库的异机恢复；

支持完全备份、增量备份等基本备份功能，支持合成备份等主流技术解决网络带宽的问题。备份系统采用SAN网络的LAN-FREE方式进行备份，减少对现有网络环境的影响。

6.2.2.3 中心灾备模块

对于一个大型的数据中心来说，容灾是必不可少的，数据的集中也带来了风险的集中，现有数据都集中存储备份到一个数据中心中，一旦发生如火灾、地震或恐怖活动等事件，数据中心将受到灾难性的损失，所以，必须实现数据的异地存储备份，如图6-5所示，当主数据中心发生灾难时在异地还有一份保留数据，进而可以接管主生产中心的业务。

容灾方案大致可以分成以下四个方面。

（1）基于主机的容灾方案：主要是指两地的主、备用系统均处于运行状态，但业务处理只在主用系统运行；同时，业务系统对数据的修改会同时通过通信网络复制到备用系统（同步或者异步方式）。当主用系统故障时，应用会自动地由相应管理控制软件切换至备份系统上运行。

（2）基于数据库的容灾方案：主要是指通过主、备用系统的数据库的数据同步（实时或者准实时同步），即是将主用系统数据库操作Log实时或者周期性地复制到备用系统数据库中执行，实现二者数据的一致性。

（3）基于智能存储的容灾方案：实质是通过存储设备自身的软件，进行底层的复制，能较好保证数据的一致性，系统运行恢复较简单、快捷，

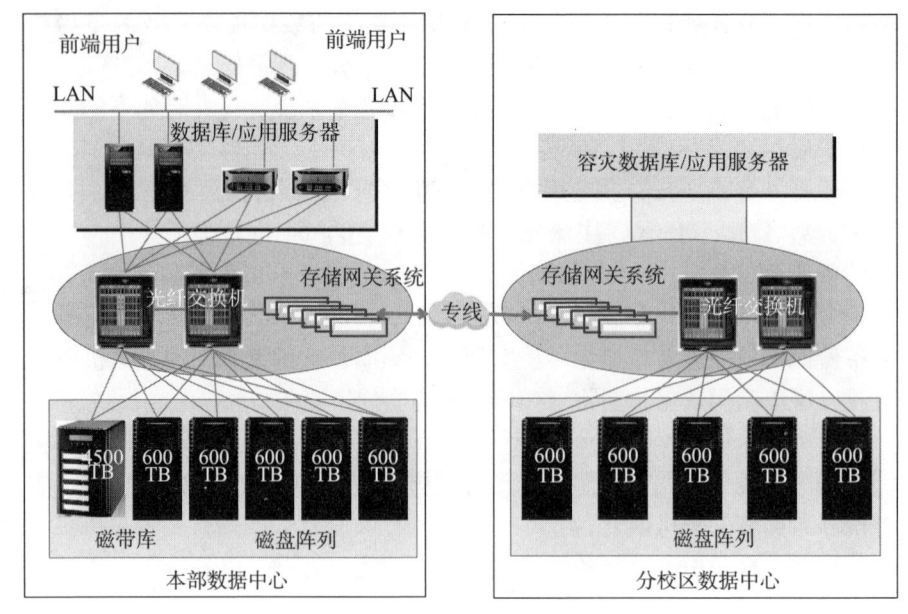

图6-5 异地备份拓扑

对网络通信的稳定性、实时性和链路物理长度较为敏感,对于数据存储的物理规划、管理等的要求较高,并一般要求主、备用系统存储设备应是同一厂家产品。

(4) 容灾选择技术较为成熟的基于存储的数据复制技术,实现数据级别的容灾,基于存储的容灾方案的技术核心是,利用存储阵列自身的盘阵对盘阵的数据复制技术,实现对生产数据的远程拷贝,从而实现生产数据的灾难保护。

6.2.3 高校大数据平台应用体系

通过学校大数据平台建设,整合了学习、生活、消费、就业、上网等多角度信息,从数据中获取业务需求的原型,对数据进行挖掘分析和测试验证,将变量之间的分线性关系可视化。平台提供丰富的图报表,为老师汇报工作提供数据,提高汇报过程和结果的准确性;从宏观层面显示学校整体状况,让学校领导更清晰地了解学校在教学、科研、财务、资产、学生工作等方面的情况,在均衡学校各个方面发展的进程中,为学校领导的决策提供了方向指引和数据支持,同时,为学校评选高水平大学等荣誉称号时提供有力且真实度高的数据,简化评选过程的数据统计工作。

6.2.3.1 财务决策系统分析

财务决策系统主要用于学校财务信息化的数据处理和分析,为学校提供财务数据和非财务数据间相关性分析。在抽取、转换、加载与财务决策相关的各种结构化、半结构化、非结构化类型的财务和非财务数据之后,通过大数据技术和手段分析数据之间的关联关系,并挖掘出数据背后蕴含的巨大价值,从而为学校科学合理的财务决策提供支撑。

6.2.3.2 教务分析决策系统分析

教务分析决策系统基于学校教务管理系统收集的大量的操作数据,并从这些数据中统计分析出教师教学评价、学生学习效果评价,以及班级、专业、院系、学校的学习和管理评价;指导教师教学改革,提高学生学习效率,预测专业发展和人才培养方向,为教学管理制度的改进提供数据支持。教务决策系统需要在教务管理系统数据库基础上,分主题抽取数据、建立数据库、提供教务教学评价和决策分析数据。

6.2.3.3 科研项目管理系统分析

高校科学研究能力是衡量一个学校基础研究和高技术前沿领域原始性创新能力的重要标志,从高校自身发展来看,科学研究是学科建设的重要承载和巨大推动,对高校发展具有深远的影响。优化科研资源配置和提高科研计划项目的管理绩效,保障学校科研事业的良性、健康发展。

6.2.3.4 人事需求分析系统分析

传统人事档案管理系统是收集、管理、利用三环节,但是,随着人事管理制度的不断深化,学校人事管理需要与大数据结合,构建一个多中心多层级的学校数据平台,分别存放各个学院、系部、处室等数据主体和学校外部各个行业领域的数据。在这个学校层面的人事数据分析系统上,通过对学校的人事档案数据进行采集、整合、共享及利用,将教职工人事档案信息可视化。在人事需求分析系统上,需要实现将学校人事处、教务处、科研处关于教职工的人事档案信息进行有效整合,实现人文社科、理工科院系发展进行不同层次的比较,使得整个学校发展情况实现可视化。

6.2.3.5 实验室管理分析系统分析

实验室是学校充分利用教学资源、培养创新型人才的重要途径之一，通过"实验室管理分析系统"，从监管支持、设备保障、人员保障和监督四个方面构建实验室管理机制，以提升实验室管理水平、提高设备设施的利用率和效益。

通过对学校各学科实验室分布、实验教学、资源投入等综合分析，对实验室的实验成果，以及实验资源投入的总体分析，并对重点实验室、特殊实验室进行监控管理。为学校对实验室的管理、资源的投入等工作提供决策分析和参考依据。

6.2.3.6 图书情况决策分析系统分析

建设"图书情况决策分析"功能系统，主要是基于学校的图书管理系统和电子资源网站系统以及学校其他系统相关数据的基础上，针对不同读者个体某个时间段在图书馆的所有活动数据进行行为统计、分析、展示。

6.2.3.7 学工分析管理系统分析

根据学校的具体情况，需要对校内学生工作的相关数据进行分析，提升学校创新创业、学生服务工作的水平，模块功能需要分两部分建设，一是从整体出发，对全校整体创新、先进评选，还有针对招考进行测试和标准的制定；二是从学生个体出发，针对重点问题学生可进行全面分析与监控，提升奖学金发放、优秀评选等学生工作的准确性，降低投诉率。对于优秀学生选取，提供具体支撑信息，帮助学校选择优秀样本进行示范性，提升学生工作的总体满意度，并预防严重的学生问题事件发生。

6.2.3.8 学生分析管理决策系统分析

"学生分析管理决策系统"用于辅助学校将学生管理工作者从日常的具体事务性工作中解脱出来，解决运用传统手段难以获取各类统计数据的问题，更重要的是能够从学生管理工作中挖掘出有价值的信息，经过过程性和综合性的分析，找到学生各种行为之间的内在联系，思考背后的逻辑关系，并做出恰当的教学、管理决策，用以提升学校创新创业、学生服务工作的水平。

6.2.3.9 资产设备利用评估系统分析

通过数据分析系统,对学校的资产与设备进行详细分析,对设备的使用管理、采购、项目立项审批提供依据,并提供指导维修和采购决策等,提升资产的采购效率与准确性,并对已有资产设备使用有效的监控与分析管理。

6.2.3.10 校园综合分析管理系统分析

"校园综合分析管理系统"主要对学校信息化的服务积累的大量的学校发文成果进行数据分析,分析各类校园通知、发文、通知公告,工作计划、总结、舆情信息、校内外新闻、管理制度等产生的价值的信息,全面了解全校总体发展现状和趋势,通过对这些非结构化信息进行词频、主题词等文字分析,客观地评估学校的媒体形象,并得出学校领导关注热点及其变化情况,帮助学校制定发展战略规划以及跟踪规划执行情况;同时,通过横向多维度分析,可视化呈现同类学校的大数据分析结果,帮助学校对比分析自身发展情况。

6.2.3.11 学校信息化分析管理系统分析

"学校信息化分析管理系统"主要是通过采集学校上网行为、校园卡行为以及信息化设备使用情况等数据,对数据进行预测性分析和战略决策分析,宏观分析学校信息化情况与建设效果,用于评估学校信息化建设的成果以及遇到的问题;微观分析每个用户的上网行为和校园卡等使用习惯,了解师生的日常需求或者兴趣,通过信息化数据评估师生生活习惯、消费档次、当前关注内容等,为学校的管理工作和师生服务工作提供参考依据。

(1)"学校舆情分析"。主要对校内论坛和校外网站(如百度贴吧、微博、天涯等)进行监控和数据分析,分析学校当前的舆论情况,为学校舆论风险控制提供强有力的手段,从而防止事件进一步恶化和保护学校的声誉。具体功能如下。

将爬取回来的舆论帖子进行语义分析和判断,将舆论分为正向舆论、负面舆论、未定义三种类别,显示学校各类舆论帖子数量的发展情况,让领导了解舆论攻击较多的时间段以及舆论发展情况等。

实现"重点事件跟踪"功能:对当前热点事件输入关键词实时跟踪,

显示事件发展轨迹。比如，学校出现了自杀、服毒这类恶劣影响事件，需要对该事件进行重点监控，实时了解在互联网上的发展动态，以判断是否需要提前干预与控制。学生的校内发展情况是学校教育的重要关注点。对于学生来说，能够全面掌握自己在校期间上网、消费、学习、图书借阅等情况，便于学生了解自身情况以及校内排名情况，从而更好地规划未来的大学生活。采用大数据采集与关联技术，采集校内教务信息、一卡通信息、图书管理系统等管理类业务系统的数据，采集后进行清洗、存储，在此基础之上将不同维度的信息关联分析，深度挖掘学生的兴趣爱好、特长以及个人优缺点，从而实时展现学生在校表现的动态情况，为全校学生行为轨迹和规律的分析提供支撑，有利于学校加强对学生的管理。

（2）实现"学习情况"功能。通过梳理和关联图书借阅、课程表、成绩等数据，可视化显示学生的学业进度、成绩趋势、成绩排名等学习情况、图书借阅情况、课程情况以及学业情况等。

（3）就业指导。"就业指导"模块建设，主要是通过构建历史就业分析、当前市场分析和就业预测模型，实现对学校重点专业与学生的教学与就业指导，以提高学生的就业质量为目标和创新校企合作模式。该模块根据学生、学校和企业三个不同的群体的需求进行深度开发，切实满足各群体的真实要求。

（4）学生综合预警。高校学生来源比较广泛，行为习惯参差不齐，管理相对难，潜藏着很多管理隐患，然而，传统的信息化建设并未对学生异常行为进行主动式预警，而且，学校领导无法每时每刻关注学生的动态，这导致学校对学生管理很被动，无法及时掌控。

"学生综合预警"通过对学生校园卡消费刷卡、门禁考勤数据，学生学籍、培养等校务管理信息，以及图书馆借阅数据、校园网使用数据等建立分析模型，对学生学业异常、行为异常等进行预警。

（5）学生行为画像。"学生行为画像"主要是根据用户的特性和行为数据建立标签，通过收集与分析学生基础信息、生活习惯、消费行为、学习行为等主要信息的数据之后，基于学校的学生素质评价体系，构建每个学生的多个维度的行为模型，综合各个维度的情况，建立全校学生个人行为画像和综合画像，树立学校优秀学生的行为画像，宏观和微观展现学生各方面的情况，有利于学生了解自身整体情况以及和优秀学生的差距，有利于学校统筹规划学生的培养和管理。同时，分析每个学生的素质、技能的发展趋势和学校排名，剖析综合素质和专业技能上升和下降的原因，提供学生、班级和学院的目前素质状况、历史对比和排名对比的行为画像分析报告。

（6）学生大数据分析报告。"学生大数据分析报告"模块主要是将学生在校期间零碎的行为表现数据，结合本系统的"我的大学""学生行为画像"等学生服务模块，通过分析学生一段时间内的消费、上网、成绩、自习等方面的情况，并且和自己历史情况、校内其他学生进行对比分析，发现学生学习的发展趋势并给出相应的建议，形成学生月度、学期、年度的大数据分析报告。同时，学生可以将数据分析报告分享到朋友圈，或者当作简历去企业应聘，真实客观反映学生的大学表现。

（7）健康分析。随着社会的发展、社会节奏的加快、社会压力的剧增，大学校园内因心理疾病、精神障碍等原因，学生伤害他人甚至自杀的事件时有发生，这已经引起全社会的高度关注。大学生心理危机事件一旦发生，对于校园安全，特别是学生安全具有极强的破坏作用，而处于危机状态的学生，容易出现负面的情绪、不同类型的心理问题和形式多样的行为问题，甚至导致极端事件。

"学生心理健康分析"主要从学生在校园生活与学习的复杂和多维数据中提炼有价值的信息，结合学生个人的消费记录、网络数据、门禁数据、Wi-Fi 数据与相关的问卷调查等数据，为学校提供一个准确的心理健康预警功能，包括心理建档、宣传教育、危机预警和干预体系的全方位预警平台，预判有潜力心理风险的学生，及时给校方领导提供相关预警防范，为学校领导及时感知学生心理状况、预防学生心理危机提供重要可靠的保障。

（8）学生行为轨迹分析。近年来，由于信息技术的高速发展，高校的笔记本电脑、PAD、智能手机等大量无线终端得以普及，各种互联网应用如雨后春笋般涌现。为克服有线网络接入地点固定、无法满足移动性的局限，一些大学在校园中已经建设了移动、便捷、经济的无线 Wi-Fi 网络。通过校园智能 Wi-Fi 大数据服务平台建设，在为高校师生提供便捷、绿色、安全的互联网接入的同时，可实现校园管理、轨迹追踪等大数据服务，促进智慧校园建设。现今，迫切地需要通过 Wi-Fi 与校内地图结合，实现对学生的行为轨迹分析。

（9）个性化推荐。校内所有人员都面临着各种各样的选择。在日常生活中，食堂等公共场所资源比较紧缺，为了避免高峰期，需要选择合适的使用时间；在成长发展中，为了能够提升自我人文素质和专业技能，需要选择符合自己的兴趣爱好和未来发展的教学视频、图书等教学资源。但是，目前校内公共场所、图书等资源的使用情况和适用性不明确，无法根据个人情况针对性推荐，利用推荐系统和大数据技术结合的方式，分析每个用户的情况，推荐相应的资源，充分发挥图书、学术报告、教学视频的学术价值，并且错开公共场所的高峰期，降低公共场所的拥挤，提高用户体验效果。

（10）图书借阅分析。建设图书分析功能模块，主要是基于学校的图书管理系统和电子资源网站系统以及学校其他系统相关数据的基础上，针对不同读者个体某个时间段在图书馆的所有活动数据进行行为统计、分析、展示，通过将图书馆电子资源使用状况数据、入馆人员构成与其他业务部门数据进行跨域关联分析，分析电子资源的利用率、图书借阅的未来发展趋势，并且挖掘学校图书资源的热点跟踪和研究方向，从而整合全校的整体情况，得出学校图书借阅的合理性，便于学校有效引导学生的课外阅读，加强学生的专业学习。

全面展示电子资源的访问量统计，主动获取每年电子资源的访问量，分析每一类电子资源的访问量、分学科电子资源的访问量等；获取电子资源的下载量统计，分析挖掘每一份电子资源的下载量，掌握在校师生经常搜索和下载的资源类型，分析当前师生的研究方向及热点。同时，系统全面挖掘电子资源的使用情况，对学校以后图书资源采购计划提供决策的数据支撑。

（11）就业大数据分析。利用大数据管理平台进行高速、不间断、及时、全面、多层次、多维度地收集内部系统主体及外部宏观环境的数据信息，形成信息收集系统，同时，对收集到的数据信息进行分类存储和建模，形成庞大的数据库和参数模型库，为各类用户提供针对性的就业分析报告，包括市场人才需求分析、岗位符合度分析等。简单而言，大数据管理系统的引入为就业分析系统增加了一个强大的数据获取及集成平台，以及提供了更为准确、更为微观的分析手段。

（12）能源使用情况大数据分析。高校是能源消耗大户，建筑能耗具有耗能量大、类型繁多、节能潜力巨大等特点。因此，利用学校能源系统功能统计的数据，研究建筑能耗特性的评估策略、挖掘出能耗的影响因素以及师生能源使用习惯，创建高校建筑分类分项能耗的数学模型，进而建立能耗预测模型，对高校能源供给预测及节能建设提供建议。

(13) 实现"网络访问情况"功能,通过碎片化采集学生上网信息,挖掘出学生网络使用习惯和课余知识涉及范围等信息,如:基于学生访问网站类型,可知学生访问购物、游戏等网站的比例。

6.2.4 应用方案

6.2.4.1 大数据教学创新

教育的核心要义是人才的培养,教育领域的大数据分析目的是通过对教学环节的各类数据分析、挖掘与预测,培养出更多优秀的学生。高校通过建设教育教学质量实时监测大数据平台,不但能够提供反映学校教育教学及学校整体发展准确现状的各类报告,还能够对未来发展进行预测,同时在发展过程中进行及时的预警和引导,如图6-6所示。

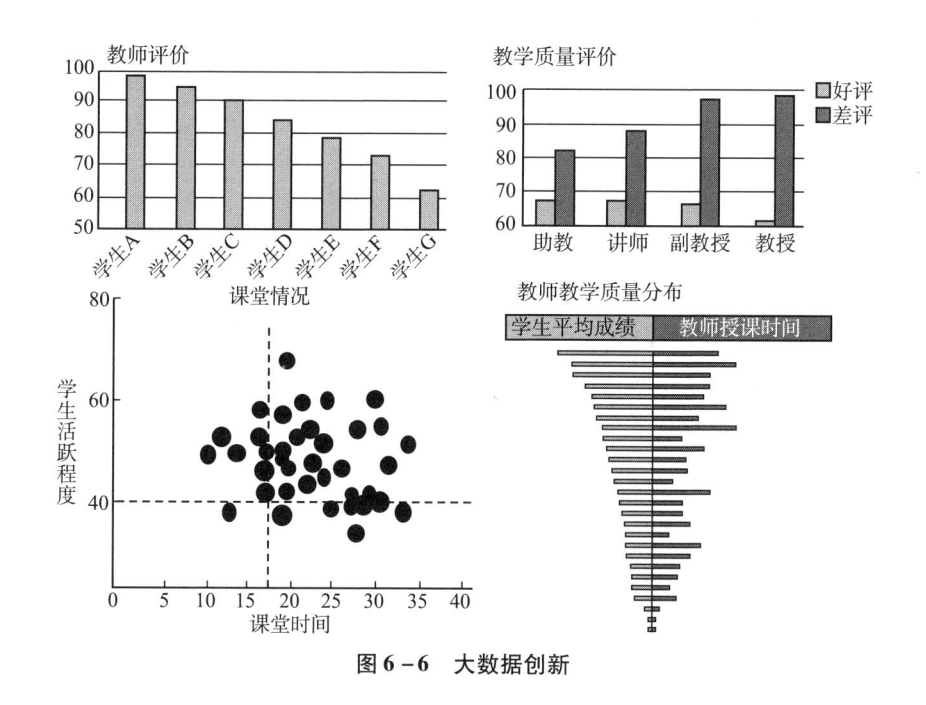

图6-6 大数据创新

6.2.4.2 大数据科研创新

高校内,各种研究活动产生了海量数据,科学研究活动已经进入大数据时代。数据密集型科学成为新的研究范式,科学研究已经离不开大数据技术的支撑。利用大数据技术对高校科研成果进行分析,挖掘和预测,可以为教师科研提供客观评价和科学指导,提升高校科研管理的效率,促进科研创新,如图6-7所示。

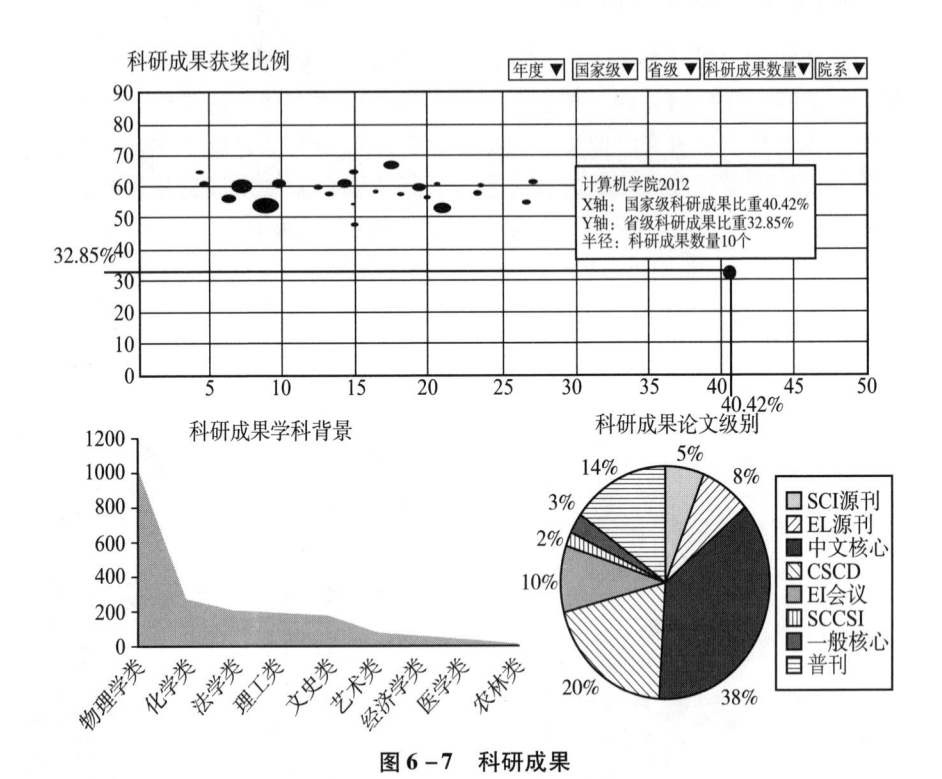

图6-7 科研成果

6.2.4.3 招生分析

招生是高校管理工作中极为重要的一项,利用数据挖掘技术来辅助高校招生工作,挖掘数据中的潜在信息,提高高校招生工作的效率和决策水平,为高校管理、决策提供有力支持,如图6-8所示。

全部	专科生	本科生	研究生

2016-07-21 ▼		全部	▼

	地区	报到率	专科生	本科生	研究生
1	北京	41.7	11%	26%	78%
2	上海	41.0	15%	31%	56%
3	长沙	30.2	21%	12%	87%
4	武汉	29.6	2%	15%	1%
5	南京	27.3	32%	6%	4%
6	保定	26.1	25%	21%	12%
7	天津	24.2	4%	8%	36%
8	哈尔滨	21.3	6%	62%	51%
9	杭州	20.4	2%	41%	44%
10	廊坊	19.5	11%	23%	1%

图 6-8 招生大数据

第 7 章

高校网络安全建设

互联网技术作为一把"双刃剑",在促进社会快速发展的同时,也给各行各业带来越来越多新的安全问题。特别是过去十年,随着外围环境的不断恶化,我国网络安全环境发生了较大变化,网络安全威胁更加复杂化、多样化。

习近平总书记在 2014 年 2 月主持召开中央网络安全和信息化领导小组第一次会议时强调,"没有网络安全就没有国家安全,没有信息化就没有现代化"。2016 年 10 月 9 日,习近平总书记在主持网络强国战略学习时,再次号召要加快增强网络空间安全防御能力,朝着建设网络强国目标不懈努力。2017 年 6 月 1 日,备受关注的《网络安全法》正式施行。《中华人民共和国网络安全法》作为我国第一部全面规范网络空间安全管理的基础性法律,它的施行,标志着我国网络安全从此有法可依,网络空间治理、网络信息传播秩序规范、网络犯罪惩治等即将翻开崭新的一页,对保障我国网络安全、维护国家总体安全具有深远而重大的意义。

7.1 网络安全概述

互联网正在成为我们这个时代不可或缺的基础设施,随着互联网与各个行业深度融合,"互联网+"时代下,网络安全和信息安全正在成为公司、行业乃至国家维度上一个非常重要的话题。网络安全不再只是技术问题,而是业务以及管理问题。

7.1.1 网络安全的概念

网络安全是一门涉及计算机科学、网络技术、通信技术、密码技术、信息安全技术、应用数学、数论、信息论等多种学科的综合性学科。狭义的网络安全主要是指网络系统的硬件、软件及其系统中的数据受到保护，不受偶然的或者恶意的原因而遭到破坏、更改、泄露，系统连续、可靠、正常地运行，网络服务不中断。从广义来说，凡是涉及网络信息保密性、完整性、可用性、真实性和可控性的相关技术和理论都是网络安全的研究范畴。

国际标准化组织（ISO）引用ISO7498-2文献中对安全的定义是：为数据处理系统建立和采用的技术和管理的安全保护，保护计算机硬件、软件和数据不因偶然和恶意的原因遭到破坏、更改和泄露，保护信息的可用性、完整性和保密性，即最大限度地减少数据和资源被攻击的可能。

加强网络信息系统安全性，对抗安全攻击而采取的一系列措施称为安全服务。安全服务的主要内容包括：安全机制、安全连接、安全协议和安全策略等，它们能在一定程度上弥补和完善现有操作系统和网络信息系统的安全漏洞。关于安全服务与有关机制的一般描述，可参见ISO模型中的国际标准ISO7498-2：《信息处理系统开放系统互连基本参考模型第2部分：安全体系结构》。该标准为开放系统互连（Open System Interworking，OSI）描述了安全体系结构的基本参考模型，并确定在参考模型内部可以提供这些安全服务与安全机制的位置。ISO7498-2中定义了五大类可选的安全服务。

7.1.1.1　鉴别

用于保证通信的真实性，正式接收的数据就来自所要求的源方，包括对等实体鉴别和数据源鉴别。数据源鉴别连同无连接的服务一起操作，而对等实体鉴别通常与面向连接的服务一起操作，一方面可确保双方实体可信的，另一方面可确保该连接不被第三方干扰，如假冒其中的一方进行非授权的传输或接收。

7.1.1.2　访问控制

用于防止对网络资源的非授权访问，保证系统的可控性。访问控制可以用于通信的源或目的，或是通信链路上的某一地方。一般用在应用层，也可在传输层试下访问控制。

7.1.1.3　数据保密性

用于加密数据以防被窃听，服务可根据保护范围的大小分为几个层次,例如,可保护一定时间范围内两个用户之间传输的所有数据;也可以对单个消息的保护或对一个消息中某个特定字段的保护。

7.1.1.4 数据完整性

用于保证所接受的消息为未经复制、插入、篡改、重排或重放,主要用于防止主动攻击。此外,还能对遭受一定程度毁坏的数据进行恢复。数据完整性可用于一个消息流、单个消息或一个消息中所选字段。

7.1.1.5 不可否认

用于防止通信双方中某一方抵赖所传输的消息。接受者能够证明消息的确是、否消息的发送者发出的,而发送者能够证明这一消息的确已被接受者接受了。

7.1.2 网络安全面临的威胁及其发展趋势

互联网蓬勃发展,网络规模不断扩大,网络应用水平不断提高,成为推动经济发展和社会进步的巨大力量。与此同时,网络和业务发展过程中也出现了许多新情况、新问题、新挑战,360公司发布的《2017年中国互联网安全报告》指出,在对197.9万个网站漏洞检查中发现,46.3%的网站有漏洞。其中,高危漏洞占7.1%。从漏洞统计数据看,有将近一半的网站都存在网站漏洞,网站安全形势不容乐观。腾讯公司发布的《2017年上半年互联网安全报告》显示,仅2017年上半年,腾讯安全反病毒实验室在计算机端总计拦截病毒超过10亿次,平均每月拦截木马病毒近1.7亿次,相较于2016年下半年病毒拦截总量增长30%。而在移动端,2017年上半年病毒感染用户数为1.09亿人,二维码成了最容易导致用户手机中毒的渠道。报告分析认为,恶意程序和木马病毒制作成本降低、传播渠道多样化是造成用户感染病毒的重要因素。

7.1.2.1 导致网络不安全的主要原因

(1)系统漏洞,黑客利用计算机操作系统漏洞实施攻击,导致信息泄露丢失;

(2)网络协议的开放性,TCP/IP协议栈作为因特网的基础,在最初的设计时,主要考虑传输的可靠性,未考虑安全问题,缺乏相应的安全机制，导致出现网络安全隐患；

（3）人为因素，用户安全意识淡薄、操作不当，以及黑客攻击、计算机犯罪等人为因素，为信息系统带来风险和损失。

7.1.2.2 安全威胁类型

信息系统面临的某些因素（人、物、事件、方法等）导致的系统危害，我们统称为安全威胁。常见的安全威胁有以下几类。(1) 窃听：攻击者通过监视网络数据获得敏感信息；(2) 重传：攻击者先获得部分或全部信息，而后将此信息发送给接收者；(3) 伪造：攻击者将伪造的信息发送给接收者；(4) 篡改：攻击者对合法用户之间的通信信息进行修改、删除、插入，再发送给接收者；(5) 否认：参与数据通信的实体，事后拒绝承认收到相关信息；(6) 拒绝服务攻击：攻击者通过某种方法使系统响应减慢甚至瘫痪，阻碍合法用户获得服务；(7) 非授权访问：没有预先经过同意，就使用信息资源；(8) 病毒、恶意代码：恶意代码指恶意破坏计算机系统、窃取信息或秘密接受远程操控的程序。恶意代码由不良用户故意传播，隐藏在计算机系统中。包括：木马程序、计算机病毒、后门程序、蠕虫病毒以及僵尸网络等。恶意代码通过网络传播，破坏性非常高，而且很难防范。

这些安全威胁危及信息安全的不同属性，信息泄露危及机密性，篡改、伪造和仿冒危及真实性和完整性；否认危及不可否认性，网络攻击危及系统可用性，恶意代码则危及可用性、机密性及可控性等。

7.1.2.3 网络安全技术发展趋势

随着物联网、云计算、大数据等新技术的应用，网络边界被拉伸模糊，新型攻击技术不断出现，如：针对虚拟化技术的安全攻击、针对物联网硬件的安全攻击，以及各种各样针对 WEB 应用的攻击等。未来面对的网络安全问题将更加复杂化，只有不断进步的网络安全技术才能应对新的安全风险带来的挑战。近年来，网络安全技术发展趋势如下。

（1）可信技术。可信技术用于提供从终端到网络的整体可信环境，是一个系统工程。具体包括：可信对象、可信网络和可信计算。可信计算（Trusted Computing）是在计算和通信系统中广泛使用基于硬件安全模块支持下的可信计算平台，以提高系统整体的安全性。

（2）云安全技术。目前云安全技术主要分两类，一类是云计算带来的安全技术演进，如360云查杀个人杀毒软件，统一威胁管理UTM以及基于云计算技术的下一代防火墙NGFW等；另一类是基于虚拟化的云安全技术，如数据隐私管理，访问控制技术等。

（3）针对性的安全技术。旨在应对影响范围广泛，危害性强的网络安全威胁。如WEB防火墙、反垃圾邮件网关、漏洞扫描设备等。

（4）网络空间安全概念。提出维护网络空间安全的，积极主动、综合防范的网络安全保障体系。网络空间新一代防御设计思路，以网络对抗性防御技术研发为依托，构建"协同预警、有效应急、强化灾备"全网动态感知能力体系，逐步实现网络安全防护从静态、基于威胁的保护向动态、基于风险的防护转变。1991年9月号《科学美国人》出版《通信、计算机和网络》专刊，第一次出现"网络空间Cyberspace"。美国国家安全54号总统令和国土安全23号总统令对Cyberspace的定义是："连接各种信息技术的网络，包括互联网、各种电信网、各种计算机系统，及各类关键工业中的各种嵌入式处理器和控制器。在使用该术语时还应该涉及虚拟信息环境，以及人和人间的相互影响。"关于Cyberspace的基础设施，是非常大的范围。底层为Cyberinfrastructure，即基础设施，包括了现在的互联网，也包括控制系统，计算机的硬件和软件以及各种服务。在此之上，是物理的Infrastructure，包括光纤通信，各种通信技术以及上层各种各样的应用技术。

信息技术广泛应用和网络空间兴起发展，极大促进了经济社会繁荣进步，同时也带来了新的安全风险和挑战。网络空间安全事关人类共同利益，事关世界和平与发展，事关各国国家安全。习近平总书记围绕如何认识互联网、如何治理和发展互联网等重大理论和现实问题，提出了许多具有创见的加强网络空间综合治理的思想，并从人类整体利益和共同命运的高度，为破解全球网络空间治理难题，推进全球互联网治理体系变革，贡献了中国智慧。

7.1.3 高校网络安全现状

从20世纪90年代起，现代信息技术广泛应用于高等教育的各个领域。国内高校纷纷开始了校园网建设。随着CERNET的建成和全面开通以及推进教育信息化、发展现代远程教育等战略措施的实施，校园网络基础设施建设和网络多媒体教学应用，逐渐成为数字化校园建设的主流。总结高校信息化建设过程，大部分高校都有"重建设、轻管理"的问题。过于关注信息化基础设施建设、出口带宽和各类应用等硬性指标，忽略安全方面的管理。随着信息化建设的发展，网络技术的更新换代，各级领导的重视，校园网络安全管理逐渐提上日程。根据百度关键词搜索结果，对教育行业典型网络安全事件进行分析，高校安全事件分为如下几类：（1）学生、教师基础数据泄露；（2）学位、学历信息遭到篡改；（3）考试成绩、高考志愿、招生录取信息遭篡改；（4）网站遭篡改、贴反动标语；（5）系统遭 DDOS 攻击；（6）APT 攻击。

高校上网人数比例高，人员构成年轻，是思想教育工作的前沿阵地，网络安全问题高发、隐私泄露、数据丢失等问题，阻碍高校思想政治教育、宣传、招生等工作的完成，且造成不良社会影响。在当前形势下，增强校园网安全管理能力，提高网络安全管理效率，迫在眉睫。2015年1月19日，中共中央办公厅、国务院办公厅印发《关于进一步加强和改进新形势下高校宣传思想工作的意见》指出，要着力加强高校宣传思想阵地管理。要加强校园网络安全管理，加强高校校园网站联盟建设，加强高校网络信息管理系统建设。

中国教育科研网发布的《2015高校网络信息安全调研报告》对教育部下属的106所高校的网络安全现状进行了调查统计，报告指出以下几点：高校专门从事网络安全的工作人员较少，71%的高校偏重安全工作的人员投入都不到2人，甚至有16%的高校缺失安全人员。不过，也存在个别比较重视的高校，安全人员投入力量较大，但从全国总体来看普遍偏低。

从发展趋势上看，各校安全投入资金力度在普遍逐年增加，如图7-1所示。

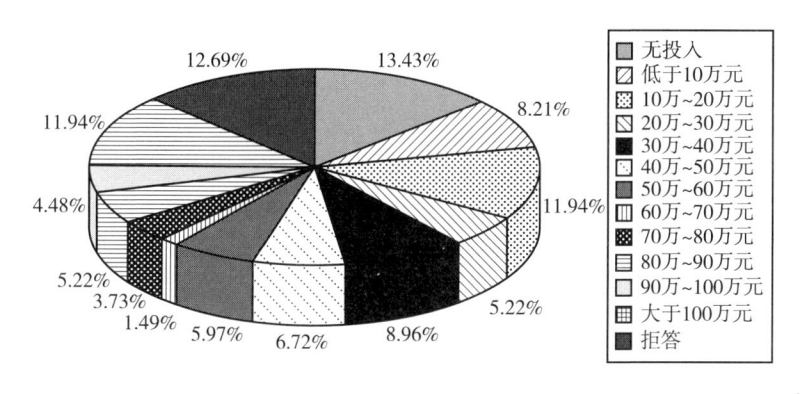

投入资金规模	2013年 计数	2013年 百分比（%）	2014年 计数	2014年 百分比（%）	2015年 计数	2015年 百分比（%）
无投入	15	11.19	14	10.45	18	13.43
低于10万元	20	14.93	14	10.45	11	8.21
10万~20万元	19	14.18	15	11.19	16	11.94
20万~30万元	13	9.70	19	14.18	7	5.22
30万~40万元	15	11.19	8	5.97	12	8.96
40万~50万元	12	8.96	12	8.96	9	6.72
50万~60万元	9	6.72	5	3.73	8	5.97
60万~70万元	1	0.75	8	5.97	2	1.49
70万~80万元	2	1.49	2	1.49	5	3.73
80万~90万元	1	0.75	5	3.73	7	5.22
90万~100万元	1	0.75	3	2.24	6	4.48
大于100万元	9	6.72	17	12.69	16	11.94
未答	17	12.69	12	8.96	17	12.69

图7-1 2015年各高校安全投入统计

在信息安全等级备案方面，仍有部分高校未完成相关工作，如图7-2所示。

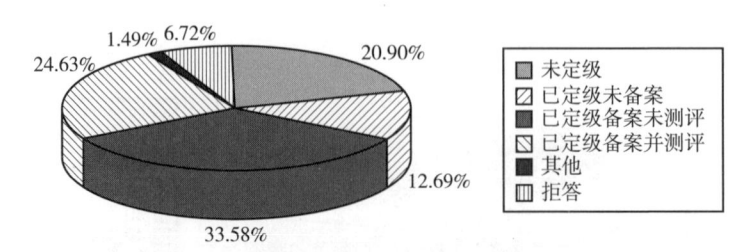

图7-2 高校信息系统等级保护工作开展现状

随着云计算开放网络和业务共享场景的广泛应用，高校网络环境更加复杂多变，安全性挑战更加严峻。越来越多的攻击开始针对高校云应用，攻击者只要攻破一个云平台，就能获得大量用户的隐私和数据，其造成的危害远高于攻击单个网站。新型的云安全技术也开始成为高校用户关注的焦点，如，怎样解决校园二级网站安全威胁、WEB 安全防护等。中国教育科研网 2016 年 7 月发布的《高校应用服务安全调研报告》就高校云安全现状进行调研，报告中指出以下几点。

（1）当前高校网络信息安全最重要的工作任务是 WEB 安全防护，比例高达 74.61%。网站立体监控、应用安全评估也是学校比较重视的工作，比例分别为 57.89%、54.18%。等级保护也较受重视，比例为 45.51%，如图 7-3 所示。

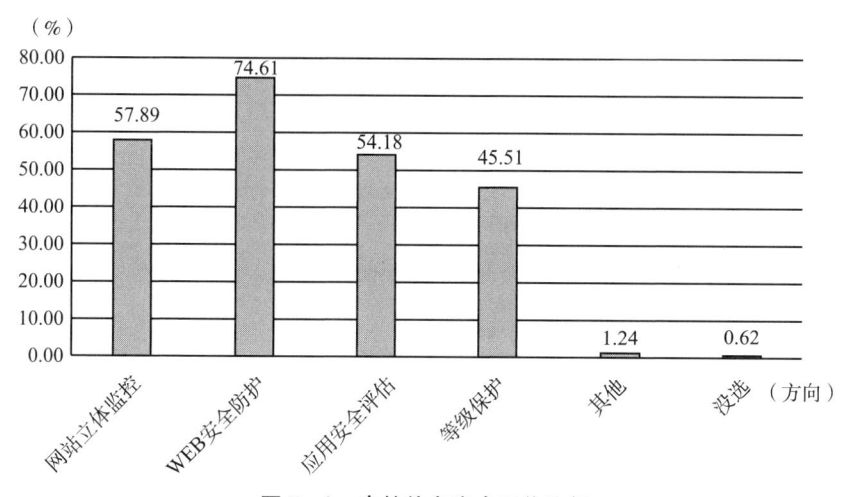

图 7-3 高校信息安全工作比例

（2）当前高校网络信息安全管理的重要措施是防火墙，比例为 82.66%，其次是防病毒，比例为 66.87%。容灾备份、授权访问及各级准入控制也较受用户重视，比例分别为 57.28%、56.04%。数字证书、系统安全加固的关注度也较高，均在 35% 以上，如图 7-4 所示。

（3）云安全在解决数据泄露问题的比例最高，达 52.94%，其次是恶意篡改，比例达 51.39%。管理和监控、DDos 攻击、身份验证的比例也较高，均在 40% 以上。系统漏洞利用也比较受学校关注，比例为 39.01%，如图 7-5 所示。

（种类）

类别	百分比
防火墙	82.66
防病毒	66.87
数字证书	36.84
授权访问及各级准入控制	56.04
容灾备份	57.28
系统安全加固	35.91
电子签章	21.98
其他	0.31
没选	0.93

图7-4 高校信息安全措施

（类型）

类型	百分比
数据泄露	52.94
恶意篡改	51.39
身份验证	41.49
凭证或密钥被盗	21.98
系统漏洞利用	39.01
DDos攻击	42.41
账户劫持	21.05
日志分析	29.10
僵尸网络	17.03
管理和监控	44.27
网站后门	26.01
其他	0.00
没选	7.12

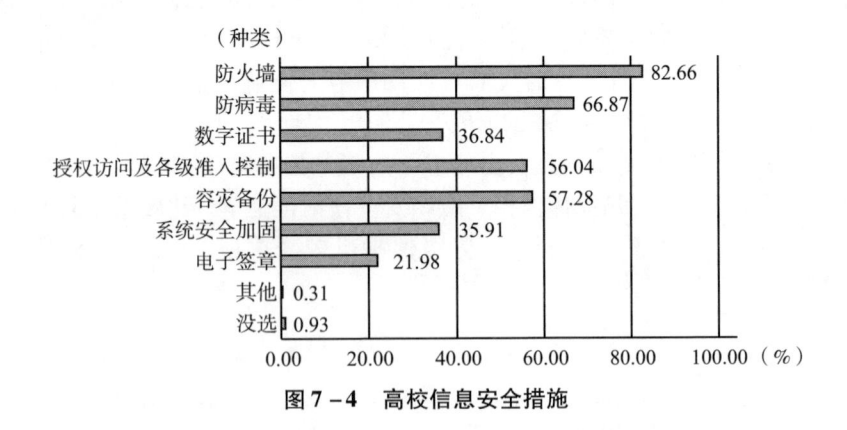

图7-5 高校信息云安全优势

（4）高校网络安全问题中，除黑客攻击、网络环境脆弱、技术缺陷等外部因素外，还存在安全意识淡薄、网络管理松懈等内部因素，因此，建立并完善以安全策略为核心，以安全技术为支撑，以安全管理和安全培训为重点的校园网安全防范体系有效应对黑客入侵、网络监听、邮件轰炸、病毒感染、机密信息窃取等网络不良行为，是确保校园网安全、稳定运行的重要举措。

7.2 信息安全等级保护

信息安全要实现的目标主要有以下七个方面：真实性、保密性、完整性、可用性、不可抵赖性、可控制性、可审查性。信息安全等级保护对信息和信息载体，按照重要性等级分级别进行保护，是在多数国家都存在的一种信息安全领域的工作。在中国，信息安全等级保护广义上为涉及该工作的标准、产品、系统、信息等均依据等级保护思想的安全工作；狭义上一般指信息系统安全等级保护。信息系统安全等级保护，是国家信息安全保障工作的基本制度、基本策略、基本方法。开展信息系统安全等级保护工作，不仅是加强国家信息安全保障工作的重要内容，也是一项事关国家安全、社会稳定的政治任务。

7.2.1 我国信息安全等级保护体系

我国党中央和国务院高度重视信息安全保障工作，2003年7月国家信息化领导小组审议通过的《国家信息化小组关于加强信息安全保障工作的意见》中明确指出，要重点保护基础信息网络和关系国家安全、经济命脉、社会稳定等方面的重要信息系统，抓紧建立信息安全等级保护制度，制定信息安全等级保护的管理办法和技术指南，要重视信息安全风险评估工作，对网络与信息系统安全的潜在威胁、薄弱环节、防护措施等进行分析评估，综合考虑网络与信息系统的重要性、涉密程度和面临的信息安全风险等因素，进行相应等级的安全建设和管理。对涉及国家秘密的信息系统，要按照党和国家有关保密规定进行保护。

信息安全等级保护是指对国家秘密信息、法人和其他组织及公民的专有信息以及公开信息和存储、传输、处理这些信息的信息系统分等级进行安全保护、对信息系统中使用的信息安全产品实行按照等级管理，对信息系统中发生的信息安全事件分等级响应和处置。对信息系统安全等级的划分通常有两种描述形式，即根据安全保护能力划分安全等级的描述和根据主体遭受破坏后对客体的破坏程度划分。根据2007年7月四部委会签《信息安全等级保护管理办法》规定，国家信息安全等级保护坚持自主定级、自主保护的原则。信息系统的安全保护等级应当根据信息系统在国家安全、经济建设、社会生活中的重要程度，信息系统遭到破坏后，对国家安全、社会秩序、公共利益以及公民、法人和其他组织的合法权益的危害程度等因素确定。信息系统的安全保护等级共分为以下五级。

第一级为自主保护级。信息系统受到破坏后，会对公民、法人和其他组织的合法权益造成损害，但不损害国家安全、社会秩序和公共利益。

第二级为指导保护级。信息系统受到破坏后，会对公民、法人和其他组织的合法权益产生严重损害，或者对社会秩序和公共利益造成损害，但不损害国家安全。

第三级为监督保护级。信息系统受到破坏后，会对社会秩序和公共利益造成严重损害，或者对国家安全造成损害。

第四级为强制保护级。信息系统受到破坏后，会对社会秩序和公共利益造成特别严重的损害，或者对国家安全造成严重的损害。

第五级为专控保护级。适用于涉及国家安全、社会秩序、经济建设和公共利益的核心信息和信息系统。信息系统受到破坏后，会对国家安全造成特别严重的损害。

信息系统安全根据保护能力还可以分为五个等级，分别是用户自主保护级，系统审计保护级，安全标记保护级、结构化保护级和访问验证保护级。

国家为信息安全保障工作出台了一系列的文件。其中，《中华人民共和国计算机信息系统安全保护条例》和《国家信息化小组关于加强信息安全保障工作的意见》是等级保护工作的政策和法律依据。

1999年，国家质量技术监督局发布了由公安部提出并组织制定的强制性国家标准GB17859-1999《计算机信息系统安全保护等级划分准则》，为等级保护这一安全国策给出了技术角度的诠释。

2003年，中办、国办转发的《国家信息化领导小组关于加强信息安全保障工作的意见》明确指出"实行信息安全等级保护""要重点保护基础信息网络和关系国家安全、经济命脉、社会稳定等方面的重要信息系统，抓紧建立信息安全等级保护制度，制定信息安全等级保护的管理办法和技术指南"。

2004年，公安部、国家保密局、国家密码管理局、国信办联合印发了《关于信息安全等级保护工作的实施意见》，明确了信息安全等级保护制度的主要工作方向和工作内容，规定了等级保护实施的具体步骤和时间表，把等级保护确定为国家信息安全的基本制度和根本方法，把等级保护提升到一个新的高度，确定了等级保护的实施方法、原则分工和计划等。

2006年1月，公安部、国家保密局、国家密码管理局、国信办联合制定了《信息安全等级保护管理办法》。

2007年6月，四部委联合下发《信息安全等级保护管理办法》，标志着等级保护的全面推广落实。文件明确了信息安全等级保护制度的基本内容、流程及工作要求，明确了信息系统运营使用单位和主管部门、监管部门在信息安全等级保护工作中的职责、任务等。

2007年10月，四部委联合下发了《关于开展全国重要信息系统安全等级保护定级工作的通知》，全面部署了全国范围内的重要信息系统定级工作。

2007年下半年开始，全国范围内的重要信息系统普遍开展了信息安全等级保护定级工作，到2009年5月止，定级工作基本上已经在重要行业初步完成，全面进入整改阶段。

2016年发布的《网络安全法》，是我国第一部在网络安全空间领域综合性的法律法规。标志着我们国家在网络安全治理，网络空间安全治理方面从此有法可依。其目标定位是保障我们国家网络空间安全，以至上升到了维护国家总体安全的高度上。

随着《网络安全法》于2017年6月1日正式施行，标志着网络安全等级保护工作正式进入2.0时代。网络安全等级保护2.0将原来的标准《信息安全技术 信息系统安全等级保护基本要求》改为《信息安全技术 网络安全等级保护基本要求》，与《中华人民共和国网络安全法》中的相关法律条文保持一致。等级保护工作的政策体系，如图7-6所示。

7.2.2 教育行业信息安全等级要求

等级保护是国家信息安全保障工作的基本制度，是开展信息安全工作的基本方法。为进一步加强教育行业信息安全工作，提高教育信息系统安全保障能力和水平，指导和规范教育行业信息系统安全等级保护定级工作，2009年11月，教育部决定在教育系统全面开展信息系统安全等级保护工作，并印发了《教育部办公厅关于开展信息系统安全等级保护工作的通知》，要求教育行业内，各级单位落实国家有关信息系统安全等级保护制度建设的文件要求，增强各地、各校主管部门领导的信息安全保护意识；开展技术培训，建立信息安全技术队伍，建立健全教育系统信息安全

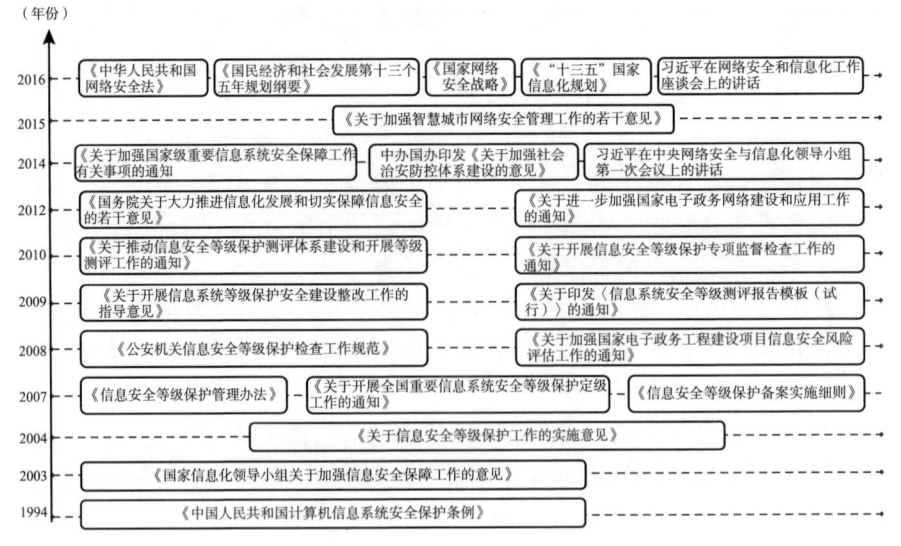

```
(年份)
2016  《中华人民共和国     《国民经济和社会发展第十三个    《国家网络    《"十三五"国家    习近平在网络安全和信息化工作
      网络安全法》        五年规划纲要》              安全战略》    信息化规划》     座谈会上的讲话
2015                           《关于加强智慧城市网络安全管理工作的若干意见》
2014  《关于加强国家级重要信息系统安全保障工作    中办国办印发《关于加强社会    习近平在中央网络安全与信息化领导小组
      有关事项的通知》                        治安防控体系建设的意见》      第一次会议上的讲话
2012  《国务院关于大力推进信息化发展和切实保障信息安全              《关于进一步加强国家电子政务网络建设和应用工作
      的若干意见》                                              的通知》
2010  《关于推动信息安全等级保护测评体系建设和开展等级            《关于开展信息安全等级保护专项监督检查工作的
      测评工作的通知》                                        通知》
2009  《关于开展信息系统等级保护安全建设整改工作的                《关于印发〈信息系统安全等级测评报告模板（试
      指导意见》                                              行）〉的通知》
2008  《公安机关信息安全等级保护检查工作规范》                    《关于加强国家电子政务工程建设项目信息安全风险
                                                           评估工作的通知》
2007  《信息安全等级保护管理办法》      《关于开展全国重要信息系统安全等级保护定级    《信息安全等级保护备案实施细则》
                                  工作的通知》
2004                              《关于信息安全等级保护工作的实施意见》
2003              《国家信息化领导小组关于加强信息安全保障工作的意见》
1994              《中国人民共和国计算机信息系统安全保护条例》
```

图 7-6　信息安全等级保护政策体系

等级保护技术保障体系；全面开展教育系统信息系统的定级、备案和测评工作，对发现的问题及时进行整改，用三年左右时间，基本建立教育行业信息系统安全等级保护体系，切实提高教育信息系统安全水平，保证教育信息化的健康持续发展。

2014年10月，教育部办公厅发布了关于印发《教育行业信息系统安全等级保护定级工作指南（试行）》的通知，《教育行业信息系统安全等级保护定级工作指南（试行）》依据《中华人民共和国计算机信息系统安全保护条例》等国家信息安全等级保护相关政策和标准，结合教育行业信息化工作的特点和具体实际，对教育行业信息系统进行分类，提出安全等级保护的定级思路，给出建议等级，明确工作流程。并指出信息系统的定级工作应在信息系统设计阶段完成，与信息系统建设同步实施。

教育信息系统的定级思路是在信息系统分类的基础上，参照国家对信息系统的安全保护等级标准的等级划分，形成教育行业信息系统安全等级划分建议。按主管单位不同，分别对部门信息系统和学校信息系统采取不同的思路进行分析，分别形成信息系统安全等级建议，如表 7-1 所示。

表7-1　　　　　　　　　高校信息系统安全保护等级建议

序号	分类	信息系统	建议安全保护等级		
			Ⅰ类学校	Ⅱ类学校	Ⅲ类学校
1	（01）校务管理类	（01）办公与事务处理	第二级	第二级	第一级
2		（02）公文与信息交换	第二级	第二级	第一级
3		（03）人事管理	第二级	第二级	第一级
4		（04）财务管理	第二级	第二级	第一级
5		（05）资产管理	第二级	第二级	第一级
6		（06）后勤管理	第二级	第二级	第一级
7		（07）学生教育工作管理	第二级	第二级	第一级
8		（08）学生体质健康数据管理	第二级	第二级	第一级
9		（09）档案管理	第二级	第二级	第一级
10		（10）党务管理	第二级	第二级	第一级
11	（02）教学科研类	（01）教学改革管理	第二级	第二级	第一级
12		（02）学科、专业管理	第二级	第二级	第一级
13		（03）教务教学管理	第二级	第二级	第一级
14		（04）教学资源管理	第二级	第二级	第一级
15		（05）教学质量评估与保障	第二级	第二级	第一级
16		（06）科研管理	第三级	第二级	第一级
17		（07）科研情报	第三级	第二级	第一级
18	（03）招生就业类	（01）招生录取管理	第三级	第二级	第一级
19		（02）学生就业管理	第二级	第二级	第一级
20	（04）综合服务类	（01）门户网站	第三级	第二级	第一级
21		（02）论坛、社区类网站	第三级	第二级	第一级
22		（03）数字图书馆	第二级	第二级	第一级
23		（04）电子邮件	第二级	第二级	第一级
24		（05）视频服务	第二级	第二级	第一级
25		（06）安防监控	第二级	第二级	第一级
26		（07）校园一卡通	第三级	第二级	第一级
27		（08）内网门户与身份认证	第二级	第二级	第一级
28		（09）公共数据库	第二级	第二级	第一级
29		（10）运维管理	第二级	第二级	第一级

高校信息系统安全等级保护应坚持"自主定级、自主保护"的原则，依据《信息系统安全等级保护定级指南》的定级原理、方法，对校内的信息系统类型划分、定级思路组织开展信息系统定级工作。

7.2.3 高校信息安全等级保护工作实施过程

信息安全等级保护工作包括定级、备案、安全建设和整改、信息安全等级测评、信息安全检查五个阶段，如图7-7所示。

7.2.3.1 信息系统安全保护等级的定级

信息系统定级是等级保护工作的首要环节和关键环节，是开展信息系统备案、建设整改、等级测评、监督检查等工作的重要基础。信息系统安全级别定级不准，系统备案、建设整改、等级测评等后续工作都会失去基础，信息系统安全就没有保证。定级工作可以按照图7-8的步骤进行。

信息系统的安全保护等级由两个定级要素决定：等级保护对象受到破坏时所侵害的客体和对客体造成侵害的程度。高校信息系统根据办学规模、社会影响力、业务类型三个维度分析受到破坏后造成的危害程度。

办学规模与危害程度分析。办学规模与信息系统受到破坏后造成的危害程度正相关，规模越大则危害程度越严重，高等学校信息系统大于中小学校信息系统。

社会影响力与危害程度分析。社会影响力与信息系统受到破坏后造成的危害程度正相关，影响力越大则危害程度越严重，"985"工程学校和"211"工程学校大于其他高等学校。

业务类型与危害程度分析。承载教育教学管理与服务核心业务的信息系统较承载一般业务的信息系统受到破坏后造成的危害程度严重。教育教学管理与服务的核心业务包括：学籍学历管理、学位管理、招生录取管理、考试考务管理、教师管理、门户网站管理等。

7.2.3.2 信息系统备案与受理

信息安全等级保护备案工作包括：信息系统备案、受理、审核和备案信息管理等工作。信息系统运营使用单位和受理备案的公安机关应按照《信息安全等级保护备案实施细则》的要求办理信息系统备案工作。

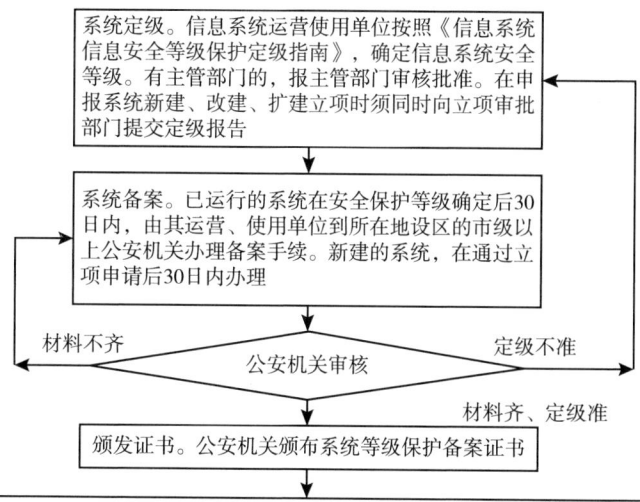

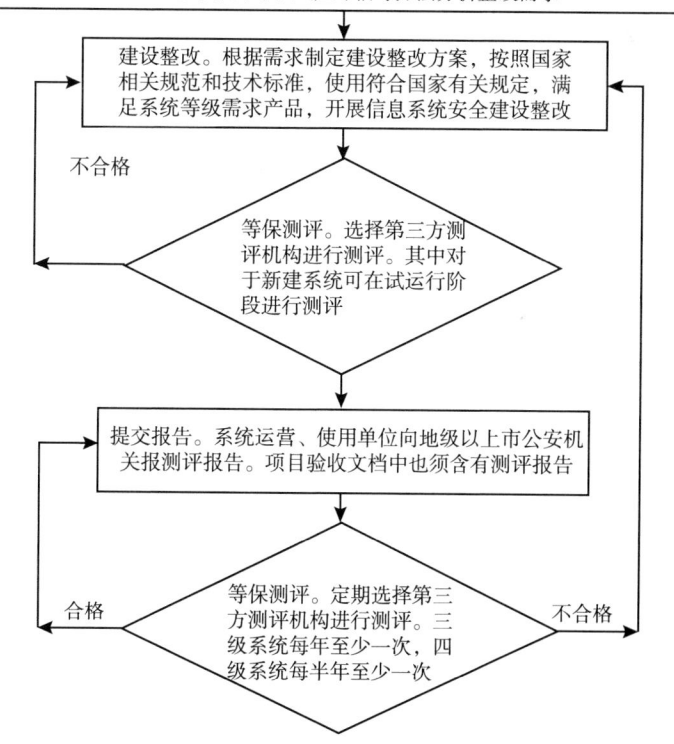

系统定级。 信息系统运营使用单位按照《信息系统信息安全等级保护定级指南》，确定信息系统安全等级。有主管部门的，报主管部门审核批准。在申报系统新建、改建、扩建立项时须同时向立项审批部门提交定级报告

系统备案。 已运行的系统在安全保护等级确定后30日内，由其运营、使用单位到所在地设区的市级以上公安机关办理备案手续。新建的系统，在通过立项申请后30日内办理

公安机关审核
- 材料不齐
- 定级不准
- 材料齐、定级准

颁发证书。 公安机关颁布系统等级保护备案证书

分析安全需求。 对照等保有关规定和标准分析系统安全建设整改需求，可委托安全服务机构、等保技术支持单位分析。对于整改项目，还可委托测评机构通过等保测评、风险评估等方法分析整改需求

建设整改。 根据需求制定建设整改方案，按照国家相关规范和技术标准，使用符合国家有关规定，满足系统等级需求产品，开展信息系统安全建设整改

等保测评。 选择第三方测评机构进行测评。其中对于新建系统可在试运行阶段进行测评

不合格

提交报告。 系统运营、使用单位向地级以上市公安机关报测评报告。项目验收文档中也须含有测评报告

等保测评。 定期选择第三方测评机构进行测评。三级系统每年至少一次，四级系统每半年至少一次

合格　　不合格

图 7-7　信息安全等级保护工作流程

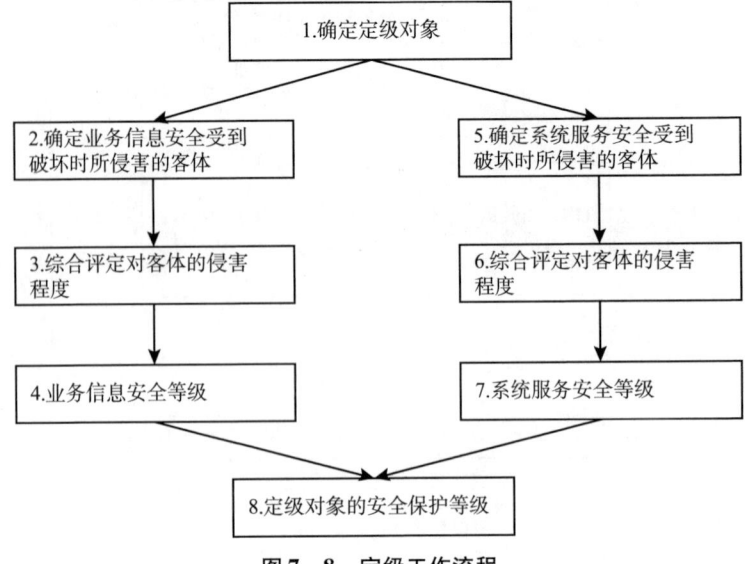

```
        ┌─────────────────┐
        │ 1.确定定级对象  │
        └────────┬────────┘
         ┌──────┴──────┐
         ▼             ▼
┌──────────────┐  ┌──────────────┐
│2.确定业务信息│  │5.确定系统服务│
│安全受到破坏时│  │安全受到破坏时│
│所侵害的客体  │  │所侵害的客体  │
└──────┬───────┘  └──────┬───────┘
       ▼                 ▼
┌──────────────┐  ┌──────────────┐
│3.综合评定对  │  │6.综合评定对  │
│客体的侵害程度│  │客体的侵害程度│
└──────┬───────┘  └──────┬───────┘
       ▼                 ▼
┌──────────────┐  ┌──────────────┐
│4.业务信息    │  │7.系统服务    │
│安全等级      │  │安全等级      │
└──────┬───────┘  └──────┬───────┘
         └──────┬──────┘
                ▼
     ┌───────────────────────┐
     │8.定级对象的安全保护等级│
     └───────────────────────┘
```

图 7-8　定级工作流程

（1）备案。第一级系统无须备案，第二级以上信息系统，在安全保护等级确定后 30 日内，由校内运营、使用单位或者其主管部门（以下简称"备案单位"）到所在地设区的市级以上公安机关办理备案手续。备案时，应当提交《信息系统安全等级保护定级报告》以及《信息系统安全等级保护备案表》。

（2）受理备案。地市级以上公安机关公共信息网络安全监察部门，受理本辖区内备案单位的备案。隶属于省级的备案单位，其跨地（市）联网运行的信息系统，由省级公安机关公共信息网络安全监察部门受理备案。

（3）备案信息管理。公安部组织开发了重要信息系统安全监察管理系统，配发给各地，搭建一个部、省、市三级公安机关等级保护综合管理平台。该系统由部、省两级公安机关部署，部、省、市三级公安机关应用，为全国信息系统定级、备案和监督检查工作提供支持，为重要信息系统安全监察业务服务。对定级不准的备案单位，在通知整改的同时，应当建议备案单位组织专家进行重新定级评审，并报上级主管部门审批。对拒不备案的，公安机关应当根据《中华人民共和国计算机信息系统安全保护条例》等其他有关法律法规责令限期整改。逾期仍不备案的，予以警告，并向其上级主管部门通报。向中央和国家机关通报的，应当报经公安部同意。

7.2.3.3 信息系统建设整改

计算机信息系统规划、设计、建设和维护应当同步落实相应的安全措施。运营、使用单位应当按照国家信息安全等级保护管理规范和技术标准，使用符合国家有关规定，满足信息系统安全保护等级需求的信息技术产品，开展信息系统安全建设或者改建工作。信息系统建设整改应依据《教育系统信息安全等级保护基本要求》（以下简称《基本要求》），落实信息安全责任制，建立并落实各项安全管理制度，开展人员安全管理，系统建设管理和系统运维管理等工作，落实物理安全、网络安全、主机安全、应用安全以及数据安全等安全保护措施。

安全建设整改工作可以分以下五步进行。

第一步：落实负责安全建设整改工作的责任部门，由责任部门牵头制定本单位和本行业信息系统安全建设整改工作规划，对安全建设整改工作进行总体部署。

第二步：开展信息系统安全保护现状分析，从管理和技术两个方面确定信息系统安全建设整改需求。可以依据《基本要求》等标准，采取对照检查、风险评估、等级测评等方法，分析判断目前所采取的安全保护措施与等级保护标准要求之间的差距，分析系统已发生的事件或事故，分析安全保护方面存在的问题，形成安全建设整改的需求并论证。

第三步：确定安全保护策略，制定信息系统安全建设整改方案。在安全需求分析的基础上，进行信息系统安全建设整改方案设计，包括总体设计和详细设计，制定工程预算和工程实施计划等，为后续安全建设整改工程实施提供依据。安全建设整改方案须经专家评审论证，第三级（含）以上信息系统安全建设整改方案应报公安机关备案，公安机关监督检查备案单位安全建设整改方案的实施。

第四步：按照信息系统安全建设整改方案，实施安全建设整改工程，建立并落实安全管理制度，落实安全责任制，建设安全设施，落实安全措施。在实施安全建设整改工程中，需要加强投资风险控制、实施流程管理、进度规划控制、工程质量控制和信息保密管理。

第五步：开展安全自查和等级测评，及时发现信息系统中存在的安全隐患和问题，并通过风险分析，确定应解决的主要问题，进一步开展安全整改工作。

安全建设整改工作的具体步骤如图7-9所示。

```
信息系统安全建设整改工作规划和工作部署
           ↓
信息系统安全保护现状分析
           ↓
确定安全策略,制定安全建设整改方案
    ↓                      ↓
信息系统安全管理建设    信息系统安全技术建设
┌──┬──┬──┬──┬──┐      ┌──┬──┬──┬──┬──┐
│安│安│人│系│系│      │物│网│主│应│数│
│全│全│员│统│统│      │理│络│机│用│据│
│管│管│安│建│运│      │安│安│安│安│安│
│理│理│全│设│维│      │全│全│全│全│全│
│机│制│管│管│管│      │  │  │  │  │  │
│构│度│理│理│理│      │  │  │  │  │  │
└──┴──┴──┴──┴──┘      └──┴──┴──┴──┴──┘
           ↓
开展信息系统安全自查和等级测评
```

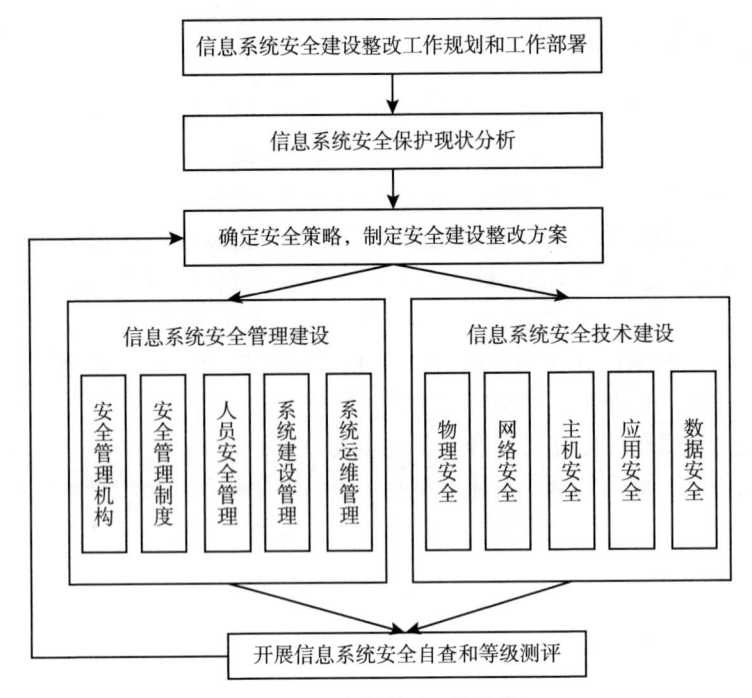

图 7-9 安全整改工作步骤

建设整改工作的最终目的是提高信息系统安全管理水平,提升信息系统安全防范能力,减少安全漏洞,降低安全故障,保障信息化健康发展,维护国家利益和社会秩序。

7.2.3.4 信息系统安全等级测评

信息系统安全等级测评是验证信息系统是否满足相应安全保护等级的评估过程。信息安全等级保护要求不同安全等级的信息系统应具有不同的安全保护能力,一方面,通过在安全技术和安全管理上选用与安全等级相适应的安全控制来实现;另一方面,分布在信息系统中的安全技术和安全管理上不同的安全控制,通过连接、交互、依赖、协调、协同等相互关联关系,共同作用于信息系统的安全功能,使信息系统的整体安全功能与信息系统的结构以及安全控制间、层面间和区域间的相互关联关系密切相关。因此,信息系统安全等级测评在安全控制测评的基础上,还要包括系统整体测评。

信息系统建设完成后,运营、使用单位或者其主管部门应当选择符合本办法规定条件的测评机构,依据《信息系统安全等级保护测评要求》等技术标准,定期对信息系统安全等级状况开展等级测评。第三级信息系统应当每年至少进行一次等级测评,第四级信息系统应当每半年至少进行一次等级测评,第五级信息系统应当依据特殊安全需求进行等级测评。

经测评或者自查,信息系统安全状况未达到安全保护等级要求的,运营、使用单位应当制定方案进行整改。

7.2.3.5 监督检查

信息系统运营、使用单位及其主管部门应当定期对信息系统安全状况、安全保护制度及措施的落实情况进行自查。第三级信息系统应当每年至少进行一次自查,第四级信息系统应当每半年至少进行一次自查,第五级信息系统应当依据特殊安全需求进行自查。

公安机关、国家指定的专门部门应当对下列事项进行检查:(1)信息系统安全需求是否发生变化,原定保护等级是否准确;(2)运营、使用单位安全管理制度、措施的落实情况;(3)运营、使用单位及其主管部门对信息系统安全状况的检查情况;(4)系统安全等级测评是否符合要求;(5)信息安全产品使用是否符合要求;(6)信息系统安全整改情况;(7)备案材料与运营、使用单位、信息系统的符合情况;(8)其他应当进行监督检查的事项。

教育系统信息安全等级保护工作已经形成一整套成熟、完善的政策体系和标准体系,也是高校信息管理工作的重要组成部分。

7.3 高校网络安全建设

7.3.1 高校网络安全技术保障措施及应急预案

7.3.1.1 高校网络安全技术保障措施

为网络安全提供了坚实的基础,常见安全措施如下:

(1)物理安全技术措施。机房须按照国家和学校规定,安装符合要求的避雷装置、灭火和火灾自动报警系统;采取防雨水措施,防止雨水、水蒸气结露和地下积水；设置温、湿度自动调节设施，控制机房温、湿度在设备运行所允许范围之内，保证双路供电，电源线和通信电缆应隔离，避免互相干扰；采用接地方式防止外界电磁干扰和设备寄生耦合干扰。

（2）网络安全技术措施。网络核心交换机、路由器等网络设备要冗余配置，合理分配网络带宽；建立业务终端与业务服务器之间的访问控制；财务管理系统、校园一卡通管理系统等，涉及校内资金管理流通的信息系统，应搭建专用的软硬件平台和专用传输网络，实现与校园网的物理隔离。

加强校园网出口安全防护和监测，采用防火墙和入侵防护设备（IPS）对网络边界实施访问审查和控制，边界日志保存时间应大于六个月。

（3）主机安全技术措施。对提供互联网信息服务的服务器，使用单位应做好开启日志、防病毒、防黑客攻击的措施。

信息系统使用单位应加强信息系统的账号管理和权限管理，规范系统管理员账号和特权账号的密码设定规则，避免使用过于简单的密码，并做到定期更换。管理员账号和特权账号不得交予他人登录系统。信息系统授权应采取最小化授权原则，不得授予超出工作内容范围的信息系统管理与操作权限。

（4）数据安全技术措施。制订备份与恢复计划，根据业务实际需要对重要数据和信息系统进行备份，定期测试备份与恢复计划，并确保备份数据和备用资源的有效性。

（5）管理与监督。任何单位和个人，不得私自设立互联网服务器或自建联网的应用系统。需要开设联网信息服务的单位，须向学校提出书面申请，通过技术评估、备案后方可对外提供服务。

定期利用扫描设备或委托第三方安全评测机构，对校内信息系统安全性进行安全检查和评测，发现安全隐患较为严重的信息系统，对其主管单位提供安全检测报告和整改要求。接到报告后，主管单位须立即组织人员进行整改、修复和加固，不能达到整改要求的，可关闭其对外服务，整改合格后系统方可上线运行。

深化信息安全监测手段，扩展监控范围，实现对各类网络及边界、网站及应用系统、终端以及密钥使用情况等的全方位、实时安全监控，做好信息安全监测预警、指标发布及深化治理工作。

7.3.1.2 校园网安全应急预案

能够确保发生网络安全问题时，各项应急工作高效、有序地进行，最大限度地减少损失。高校网络安全预案应包括人员组织机构、日常管理、各级处理预案以及事后处理过程等。以某大学网络安全应急预案为例。

为确保学校网络安全，保证各项工作高效、有序地进行，最大限度地减少损失，根据互联网网络安全相关条例及上级相关部门文件精神，结合我校校园网工作实际，特制定本预案。

（1）成立安全应急领导小组。学校全体行政人员及全体网络管理员组成网络安全应急领导小组。领导小组主要职责：

加强领导，健全组织，强化工作职责，完善各项应急预案的制定和各项措施的落实。

充分利用各种渠道进行网络安全知识的宣传教育，组织、指导全校网络安全常识的普及教育，广泛开展网络安全和有关技能训练，不断提高广大师生的防范意识和基本技能。

认真搞好各项物资保障，严格按照预案要求积极配备网络安全设施设备，落实网络线路、交换设备、网络安全设备等物资，强化管理，使之保持良好的工作状态。

采取一切必要手段，组织各方面力量全面进行网络安全事故处理工作，把不良影响与损失降到最低点。

（2）各级处理预案。第一，网站不良信息事故处理预案。

一旦发现学校网站上出现不良信息（或者被黑客攻击修改了网页），立刻关闭网站。

备份不良信息出现的目录、备份不良信息出现时间前后一个星期内的HTTP连接日志、备份防火墙中不良信息出现时间前后一个星期内的网络连接日志。

打印不良信息页面留存。

完全隔离出现不良信息的目录，使其不能再被访问。

删除不良信息，并清查整个网站所有内容，确保没有任何不良信息，重新开通网站服务，并测试网站运行。

修改该目录名，对该目录进行安全性检测，升级安全级别，升级程序，去除安全隐患，关闭不安全栏目，重新开放该目录的网络连接，并进行测试，正常后，重新修改该目录的上级链接。

全面查对HTTP日志，防火墙网络连接日志，确定该不良信息的源IP地址，如果来自校内，则立刻全面升级此次事件为最高紧急事件，立刻向领导小组组长汇报，视情节严重程度领导小组可决定是否向公安机关报案。

从事故一发生到处理事件的整个过程，必须保持向领导小组组长汇报、解释此次事故的发生情况、发生原因、处理过程。

第二，网络恶意攻击事故处理预案。

发现出现网络恶意攻击，立刻确定该攻击来自校内还是校外；受攻击的设备有哪些；影响范围有多大。并迅速推断出此次攻击的最坏结果，判断是否需要紧急切断校园网的服务器及公网的网络连接，以保护重要数据及信息。

如果攻击来自校外，立刻从防火墙中查出对方IP地址并过滤，同时，对防火墙设置对此类攻击的过滤，并视情况严重程度决定是否报警。

如果攻击来自校内，立刻确定攻击源，查出该攻击出自哪台交换机，出自哪台电脑，出自哪位教师或学生。接着立刻赶到现场，关闭该计算机网络连接，并立刻对该计算机进行分析处理，确定攻击出于无意、有意还是被利用，并暂时扣留该电脑。

重新启动该电脑所连接的网络设备，直至完全恢复网络通信。

对该电脑进行分析，清除所有病毒、恶意程序、木马程序以及垃圾文件，测试运行该电脑5小时以上，并同时进行监控，无问题后归还该电脑。

从事故一发生到处理事件的整个过程，必须保持向领导小组组长汇报、解释此次事故的发生情况、发生原因、处理过程。

第三，学校重大网络事件处理预案。

对学校重大事件（如校庆、评估等对网络安全有特别要求的事件）进行评估、确定所需的网络设备及环境。

关闭其他与该网络相连、有可能对该网络造成不利影响的一切网络设备及计算机设备，保障该网络的畅通。

对重要网络设备提供备份，出现问题需尽快更换设备。

对外网连接进行监控，清除非法连接，出现重大问题立刻向上级部门求救。

事先应向领导小组汇报本次事件中所需用到的设备、环境，以及可能出现的事故及影响，在事件过程中出现任何问题应立刻向领导小组组长汇报。

（3）日常管理。领导小组依法发布有关消息和警报，全面组织各项网络安全防御、处理工作。各有关组员随时准备执行应急任务。

网络管理员对校园内外所属网络硬件软件设备及接入网络的计算机设备定期进行全面检查，封堵、更新有安全隐患的设备及网络环境。

加强对校园网内计算机设备的管理，加强对学校网络的使用者（学生和教师）的网络安全教育。加强对重要网络设备的软件防护以及硬件防护，确保正常的运行软件硬件环境。

加强各类值班值勤，保持通讯畅通，及时掌握学校情况，全力维护正常教学、工作和生活秩序。

（4）网络安全事故发生后有关行动。领导小组得悉消防紧急情况后立即赶赴本级指挥所，各种网络安全事故处理小组迅速集结待命。

应急小组成员听从组织指挥，迅速组织本级抢险防护。

确保WEB网站信息安全为首要任务，学校公网连接。迅速发出紧急警报，所有相关成员集中进行事故分析，确定处理方案。

确保校内其他接入设备的信息安全：经过分析，可以迅速关闭、切断其他接入设备的所有网络连接，防止滋生其他接入设备的安全事故。

分析网络，确定事故源：使用各种网络管理工具，迅速确定事故源，按相关程序进行处理。

事故源处理完成后，逐步恢复网络运行，监控事故源是否仍然存在。

从事故一发生到处理的整个过程，必须及时向领导小组组长以及校长汇报，听从安排，注意做好保密工作。针对此次事故，进一步确定相关安全措施、总结经验，加强防范。

积极做好广大师生的思想宣传教育工作，迅速恢复正常秩序，全力维护校园网安全稳定。事后迅速查清事件发生原因，查明责任人，并报领导小组根据责任情况进行处理。

7.3.2 智慧校园大数据安全及隐私保护

智慧校园应用中包含大量具有价值的数据，师生在校生命周期内产生大量数据，如，学习数据、教学数据、科研数据、奖惩数据等，这些组成了高校大数据的基础。这些海量数据中，既包含常规管理型业务产生的，如人事、教学、财务数据等结构化数据，又包含了大量的由服务与管理所产生的非结构化数据，如多媒体教学资源等。数据的数量随着高校信息化的发展以指数级的速度与日俱增，随着数据量级不断增长，为学校决策者提供数据价值的同时，大数据所引发的安全问题与其带来的价值同样引人注目，与传统的信息安全问题相比，大数据安全面临的挑战性问题主要体现在以下几个方面。

7.3.2.1 大数据中的用户隐私保护

大量事实表明，大数据未被妥善处理会对用户的隐私造成极大的侵害。大数据关键在于数据分析和利用，但数据分析技术的发展，对用户隐私产生极大的威胁。在大数据时代，想屏蔽外部数据商，挖掘个人信息是不可能的。

7.3.2.2 大数据依托的非关系型数据库（NoSQL）缺乏数据安全机制

从基础技术角度来看，大数据依托的基础技术是 NoSQL。

7.3.2.3 软件后门也会成为大数据安全的软肋

在软件定义世界的时代，云计算是大数据的基础，软件是 IT 系统的核心，也就是大数据的核心，所有的后门可能都是开放在软件上面的。

7.3.2.4 文件安全面临极大挑战

文件是整个数据和运行核心，大多数的用户文件都是在第三方的运行平台中存储和处理的，这些文件往往包含了很多部门和个人的敏感信息，安全性和隐私性自然成为重要的问题。

7.3.2.5 大数据存储安全问题

大数据会使数据量呈非线性增长，而复杂多样的数据集中存储在一起，多种应用的并发运行以及频繁无序的使用状况，有可能会出现数据类别存放错位的情况，造成数据存储管理混乱或导致信息安全管理不合规范。

7.3.2.6 大数据共享安全性问题

如何分享私人数据，才能既保证数据隐私不被泄露，又保证数据的正常使用。

要想从根本上对大数据信息安全进行防护，应当优先考虑从大数据技术的使用、平台建设、运行管理、风险评估等各个方面来完善数据安全管理体系的标准建设,数据安全管理体系架构自下而上分为:数据分析层、敏感数据隔离交换层、数据防泄露层、数据脱敏层和数据库加固层,从而组成完善的数据标准体系和安全管理体系,如图 7-10 所示。

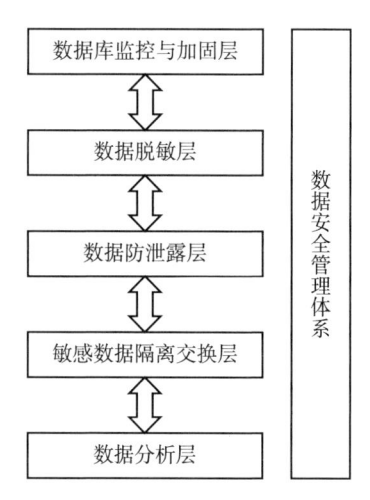

图 7-10　大数据安全管理体系

7.3.2.7　智慧校园大数据安全管理平台技术支撑

(1) 数据安全分析技术,以安全对象管理为基础,以风险管理为核心,以安全事件为主线,运用实时关联分析技术(如 Hadoop、Spark、HDFS、MapReduce 等),智能推理技术和风险管理技术,通过对海量信息数据进行深度归一化分析,结合有效的网络监控管理,安全预警响应和工单处理等功能,实现对数据安全信息深度解析,最终帮助企业实现整网安全风险态势的统一分析和管理。

(2) 敏感数据隔离交换技术,利用深度内容识别技术,首先,对用户定义为敏感、涉密的数据进行特征的提取,可以包括非结构化数据、结构化数据、二进制文件等,形成敏感数据的特征库,当有新的文件需要传输的时候,系统对新文件进行实时的特征比对,敏感数据禁止传输。其次,通过管理中心统一下发策略,可以在存储敏感数据的服务器或者文件夹中利用用户名和口令主动获取数据,对相关的文件数据进行检测,并根据检测结果进行的处置。

(3) 数据防泄露技术,主要采用软件控制、端口控制等有效手段对计算机的各种端口和应用实施严格的控制和审计,对数据的访问、传输及推理进行严格的控制和管理。通过深度内容识别的关键技术,进行发送人和接收人的身份检测、文件类型检测、文件名检测和文件大小检测,来实现对敏感数据在传输过程中进行有效管控,定时检查、事件安全事后审计,防止未经允许的数据信息被泄露,保障数据资产可控、可信、可充分利用。

(4) 数据加密技术,为了保证大数据在传输过程中的安全性,需要对信息数据进行相应的加密处理。通过数据加密系统对要上传的数据流进行加密,对要下载的数据同样要经过对应的解密系统才能查看。

(5) 数据库安全加固技术,数据库安全加固核心技术为数据库状态监控、数据库风险扫描、数据库审计、数据库防火墙和数据库透明加密技术。通过构建数据库安全加固平台,以"第三者"的角度观察和记录网络中对数据库的一切访问行为,从源头保护数据,建立纵深防护体系。

大数据带来了新的安全问题,但它自身也为解决信息安全技术带来了新的思路。大数据时代,各类数据信息安全威胁不尽相同,只有不断地进行技术创新,提前预防预警安全风险,实现安全可视的目标。

7.3.3 智慧校园的云计算及虚拟化安全问题

云计算在计算模式、计算能力、计算成本等几个方面的优势改变了人们的学习、工作和生活。基于云计算的智慧校园系统,软件都运行在云中,业务数据也存储在云中。因此,云计算在给智慧校园带来便利的同时,也面临着一系列的安全问题,除了存在已久的信息安全问题,还有云计算带来的新型安全问题。

智慧校园中云计算技术带来的安全隐患包括:(1) 数据存储特性导致的安全问题:云计算系统大多采用资源共享、分布式存储的技术,这使得传统划分安全域的技术无法实施,不同用户间的数据难以实现真正意义上的物理隔离,由此,带来极大的安全风险;(2) 用户特性导致的安全问题:云计算的用户数量大,类别多,变化频率高,动态特性和移动特性强,用户的安全资质难以监管,出现一些用户恶意滥用云计算系统,甚至伪造、劫持信息的现象;(3) 传输特性导致的安全问题。由于云计算大多业务均在网络上进行,因此极易成为 DDoS、中间人等网络攻击的对象;(4) 管理权限特性导致的安全问题。云计算所提供的开放式的服务模式造成用户的权限无形中被削弱,用户的隐私数据易被泄露、篡改甚至丢失。

云计算安全问题关系到云计算技术是否能在智慧校园中成功应用。云计算与虚拟化技术为了提高数据安全保护和系统稳定性,也提供有相应的安全技术。

7.3.3.1 数据安全技术

数据安全是云存储安全的根本问题,由于 IaaS 以基础设施的形式提供服务,主要由用户管理数据,涉及的公共存储的数据较少,所以,数据安全的焦点主要集中在 PaaS 和 SaaS 上。

(1) 数据加密。云计算服务要保证所负责存储、管理、传输的数据安全,一般需要对数据加密存储。在前端,云客户端可采用 SSL 加密技术以防范假冒网站、网络钓鱼等网络诈骗、盗窃事件等。在后端也可以通过加密来防止黑客及特权用户对数据的窃取和篡改。如何更好地平衡数据安全性和检索效率,是数据加密长期探索的难点问题。因为数据经过传统加密后,失去了原有的结构特征,这给进一步的检索、分析、挖掘云计算数据造成了困难。于是,加密方面出现了带关键字检索的对称加密和不对称公私钥加密,两类可搜索的加密技术;搜索方面则出现了分为完全匹配的关键字搜索技术、模糊关键字搜索技术两类的密文搜索技术。

(2) 数据隔离。在传统软件中,每个用户有相应独立的进程,故不需要隔离技术,而在云平台系统中,一般为多用户结构,允许共享的数据被所有具有相应权限的用户访问,对于这种虚拟状况则必须采取隔离机制。为解决此问题,有三种架构可供选择。第一种,共享表架构:每个系统均享受统一的数据,根据特定的标志来表示不同数据之间的关系。此框架有利于存储,对硬件要求低,但是,要求逻辑复杂,需多次备份才能实现效果。第二种,分离数据库架构:对于每个系统结构有各自的数据库,此架构无须多次备份,但对硬件要求高。第三种,分离表架构:对各个实例中的一样的数据进行合并,但因为用户有各自的表格,所以实现比较困难。它对于硬件要求一般,但要求有一定量的备份操作。

7.3.3.2 隐私保护

云隐私保护涉及对云数据的上传、共享、搜索、计算、验证、删除等多项操作,涉及数据在云中的整个生命周期。校内私有云可以通过选择建立私有云或混合云的策略来解决隐私保护问题。当大规模发布数据时,可考虑采取以下隐私保护技术。(1)基于加密的隐私保护技术:在保证数据的准确性、安全性方面表现较好,但其加密过程的计算开销较大。(2)匿名化的隐私保护技术:在保证所发布数据的隐私性和真实性方面的表现较好,但有数据信息丢失现象。(3)基于数据变换的隐私保护技术:主要采取随机扰动和几何变换的方法将数据进行轻微变动或伪装,效率较之前两种保护技术要高,但存在一定程度的信息失真。

7.3.3.3 容灾备份

为保证 IaaS 平台上基础设施的安全,两地建立各自站点,站点间使用虚拟化存储系统的镜像功能,配合云操作系统的虚拟机 HA 功能和 DRS 功能实现的容灾方案。

7.3.3.4 网络安全

云服务基于网络提供服务,因此,云服务提供商的网络安全是否可靠,是正常、持续提供服务的关键。网络安全主要在网络拓扑安全、安全域的划分及边界防护、网络资源的访问控制、入侵检测的手段、网络设施防病毒等方面加以保证。在云计算平台中,物理的安全边界逐步消失,取而代之的是逻辑的安全边界,应通过采用 VPN(虚拟专用网络)和数据加密等技术,保证用户数据的传输安全性;在云计算数据中心内部,采用 VLAN 以及分布式虚拟交换机等技术实现用户系统和用户网络的隔离;采用分布式入侵检测和病毒防护系统,抵御来自校园外网的攻击;除此之外,还可以采取其他的安全措施和技术,如,端口绑定、构建虚拟防火墙、提供 Anti–DDos 服务、设计适合于云计算的访问控制机制等,确保每个虚拟服务器上只运行一个网络服务,不能直接访问最敏感的数据,服务器上只开发支撑服务绝对必需的端口,其余一律关闭。

7.3.3.5 云数据信息安全

针对云计算环境下的数据信息安全标准要求,需要从数据隔离、访问控制、数据加密、数据残留等技术手段,来保证学校数据的安全性、完整性、可用性和私密性。因此,需要权衡服务性能需求和数据保护需求,既方便云的管理,又提供更高的安全性。

7.3.3.6 管理安全

对于一个庞大且复杂的云计算平台,管理尤其需要重视。为了保证数据的安全性、服务的连续性，根据学校的实际情况，制定安全管理制度，建立安全审计系统，能够在检测到入侵事件时自动响应，记录和维护好各类日志内容，以提高对违规溯源的事后审查能力。

7.3.4 移动互联网安全

移动互联网将移动通信技术与互联网技术整合起来，以各种无线网络（WLAN，WiMAX，GPRS，CDMA）为接入网，为各种移动终端提供信息服务，是互联网的技术、平台、商业模式和应用与移动通信技术结合并实践活动的总称。《第41次中国互联网络发展状况统计报告》显示，截至2017年12月，中国手机网民规模达7.53亿人，较2016年底增加5734万人。网民中，使用手机上网人群占比由2016年底的95.1%提升至97.5%。随着移动互联网的快速发展及其用户群的不断增大，随之而来的安全问题也开始引起业界的重视，针对手机的病毒，垃圾邮件和恶意代码正呈现出不断增多的态势，威胁形式也多样化。

7.3.4.1 移动互联网安全问题

移动互联网的安全包括终端安全、信息和内容安全、应用和平台安全及其网络安全四个部分。其区别于固定互联网的特点具体如下。

（1）终端安全。终端是移动互联网区别于传统互联网的最重要环节。由于移动互联网终端软、硬件技术的局限，总体来说安全性比计算机终端好。但移动终端也有其特殊的安全问题，包括：其 Always–on 的特性会招致更多的窃听和监视问题；其"个性化"容易引发涉及隐私以及金融等的恶意代码攻击；较 PC 用户，移动互联网用户缺乏安全意识；另外，其病毒传播途径多样化，如短信、彩信、互联网、蓝牙、存储卡等；较 PC 而言，移动终端对用户的重要性增加，已经如身份证一样不可或缺，因此，使得攻击价值增大，危险度和严重性增加。

在传统网络中所采用的终端是整个通信网络的从属设备，相反，移动互联网上所采用的终端为智能终端。现在，智能终端逐渐发展为移动网络中的病毒新领域，导致移动网络的智能终端风险不断提高。

（2）网络安全。移动互联网在固定互联网的基础上，其网络节点和相应的协议由于引入了"移动性"需要进行扩展。移动互联网的接入方式多种多样，因此，网络安全也将呈现不同的特点。移动互联网中采用的通信网络与传统的多级和多层网络不一样，主要采用扁平网络来通信，而核心也是采用IP协议。由于IP协议的诞生有其自身的安全缺陷，所以，在移动互联网的核心网上，可以完成对数据管理和控制，以及实现用户数据的网络传输，该核心网也能够被终端用户所访问和登录，使得核心网在用户层面存在数据泄露的可能。

移动互联网环境下，用户可以通过GPRS、3G、WLAN等多种方式接入互联网，一方面给用户带来了方便，另一方面也带来了新的安全威胁。传统互联网中，如果想获得某个用户流量需要使用ARP欺骗等手段，而在移动互联网兴起后，"钓鱼"AP开始出现，攻击者会在公共场合伪造AP供用户连接。而用户一旦连接上去以后，攻击者可以做很多事情，一方面可以轻易截获用户的所有数据包，如果其中的内容没有进行加密，而是直接进行明文传输，用户的隐私数据便会暴露；更深入的，如果攻击者比较用心，可以进行DNS劫持，将用户引导到假冒网站上去；或者可以在正常返回的数据包中注入木马、病毒等。另外，这种复杂的接入环境也给管理者带来了极大不便。传统互联网上，每台主机的IP相对固定，可以方便地进行追踪分析，而移动互联网环境下，用户所处的网络是实时变化的，很难进行追踪。

（3）业务和应用安全。传统互联网的业务复制是目前移动互联网业务发展的特点，而融合"移动"特征的业务创新则是移动互联网业务发展的方向。因此，其业务系统环节会更多，应用涉及的用户及服务器的信息会更多，信息安全问题比固定互联网更为复杂。由于移动互联网用户基数大，节点自组织能力强，同时涉及大量的私密信息和位置信息，因此，有可能引发大规模的攻击和信息发掘，包括拒绝服务攻击及其对于特定群组的敏感信息搜集等。

移动终端上安装的各种应用，很多都与用户隐私密切相关。例如，许多即时通信和社交软件都内置了定位功能，可以感知用户所处的位置。移动互联网环境下，恶意软件传播方便，隐蔽性强。国内多数用户习惯于去免费的应用市场下载各种应用，这些软件未经检查、审核，其中包含了许多的恶意软件，给用户带来了极大的安全隐患。而一些恶意软件往往利用安装时授予的相关权限，收集用户隐私信息后，借助网络接口、短信通道等各种方式将用户隐私信息散发出去。

7.3.4.2 不同层面的安全管控

要从根本上解决移动互联网所面临的安全问题，就需要进行针对性研究，通过对移动网络的安全管控，可以从不同的层面出发，比如，在管理端、网络终端等采用综合的安全和防护密码技术，有效解决和应对移动互联网的安全问题。

在移动网络中所采用的安全框架，主要通过安全服务平台来提供。在提供过程中，该平台要对不同的用户进行详细划分，比如，划分为大众用户、行业用户和特种用户等。在移动网络中间层面，其移动网络主要包括Wi-Fi 网络、3G 网络以及 4G 通信网络等。而在网络终端层面，还包括大众用户移动终端、感知终端以及传感网络和其他用户终端。

（1）移动终端安全防护。加强对于终端的控制，尽量发现漏洞，弥补漏洞。在不同的层面，所采用的安全技术各不一样。在智能化网络终端上，通过密码模块来构建起整体安全防护体系；在用户终端的可信引导层、系统内核层、架构层和应用层中，还应该采用不同的防护技术，构建起多层次的网络防护体系。在操作系统内核层，主要通过操作系统来实现控制框架的访问，完成对关键进程和文件的有效防护；在架构层面，可以利用通信控制技术来防止出现终端安全问题；在应用层面，则可以通过采用各种防病毒和木马措施来实现，保障了应用层面的安全。

而对于智能化的网络终端，其应用软件的安全性是非常重要的一个安全环节，在使用中要对应用软件的权限、特征值等进行静态检测，确保软件具有最基础的安全性，然后，才能对其进行统一的密码标识，通过对各种软件的安装进行控制，可以有效防范非法软件的应用和推广；此外，还可以通过安全态势检测技术来实现对终端安全性的检测。

（2）移动网络运营安全管理。通过对移动互联网中面临的安全问题进行详细的分析，可以了解到，当前移动互联网中的安全问题与该产业链中各环节的运营管理存在着一定的联系。因此，应当加强运营安全管理，以有效降低移动互联网应用中的安全风险。首先，可以借鉴互联网安全保障措施，通过网络内容进行监听等方式，实现对于部分安全事件的事前控制，如此，可在很大程度上消除安全隐患。其次，在掌握了主要的内容、业务提供方式以后，可在服务器、短信、彩信网关等主要环节进行信息的识别、过滤以及阻断，有效防止恶意消息在移动互联网中的进一步扩散。最后，由于移动互联网具有较好的溯源能力，因此，可以充分利用该特点，有针对性地在移动互联网的特殊节点采取安全监控措施，以进一步加强运营中的安全管理，具体包括以下几点：第一，通过制定统一的安全策略管理，以加强对移动互联网中业务系统间的访问控制。第二，加强对新运营模式的检查与控制,通过SDK和业务上线要求等方式,将安全因素植入新业务中,确保安全规划与新业务相匹配,避免存在漏洞。第三,加强移动互联网统一认证的技术应用,以降低移动互联网用户在登录多个业务系统中信息泄露的风险。第四,合理运用IP地址的溯源机制,推进网络接入的实名制。第五,其他预防措施,如过滤不良内容、清洗流量、在关键节点部署DPI、DFI策略等。

(3)加强网络通信安全。移动互联网由于网络制式众多、终端计算能力较弱、软件限制等,以及安全性较低的2G和Wi-Fi网络还在普遍应用,网络通信安全保护能力较传统网络更低。移动互联网下的大量云应用没有采取加密等强化网络通信安全的措施,例如,通过不加密的HTTP协议访问云服务等。为保障网络通信安全,需要在移动互联网普及应用HTTPS、VPN、IPSec等安全协议,减少通信过程中信息泄露,加强对中间人攻击等网络攻击的抵御能力。

(4)移动电子商务安全技术应用。随着智能手机的普及,在移动互联网的应用过程中,移动电子商务占据着主体地位,为商家与消费者提供了便利的购物环境。但是,手机病毒的存在使得如此便利的移动电子商务面临着巨大的威胁。为了保护商家与消费者的财产不受到损失,应当加强对移动互联网的安全管理,因此,对安全技术提出了更高层次的要求。首先,通过对内容进行过滤,重点防范不良信息的传播。其次,为了保证业务系统信息的保密性、安全机制的完整性,对于服务的提供方应当采取严格的认证措施。再其次,运用GBA/GAA认证架构和业务特定安全机制,进行电子证书的认证。最后,对于手机支付这一关键环节,更是要加大安全管理力度。因为,一旦手机支付环节出现问题,将破坏便利的虚拟购物环境,严重威胁到移动电子商务的存续。

移动通信网络系统正在不断地进步和发展,未来第五代移动通信技术可能比我们预想的更加优秀和完美,但是,这些安全问题的出现不一定可以进行规避,所以,我们还是要对于这种安全问题进行合理的防范,采取适合的对策和方法来保护自身的网络信息的安全,随着科技还有网络的不断进步和发展,用户还有网络的安全能够得到更好的保证。

7.3.5 校园无线网安全

校园网无线局域网传输的数据通过无线电波,所以,在无线覆盖范围内任何无线局域网用户都可以访问这些数据。而防火墙对通过无线电波进行的网络通信起不了作用，任何人在覆盖范围之内都可以截获和插入数据。因此，WLAN 扩展了网络用户的自由、安装便捷、增加用户或更改网络结构灵活等一系列的优势。然而，在如何保证网络的安全性方面，存在着新的问题。

7.3.5.1 网络窃听

一般说来，大多数网络通信都是以明文（非加密）格式出现的，这就会使处于无线信号覆盖范围之内的攻击者可以乘机监视并破解（读取）通信。这类攻击是企业管理员面临的最大安全问题。如果没有基于加密的强有力的安全服务，数据就很容易在空气中传输时被他人读取并利用。

7.3.5.2 AP 中间人欺骗

在没有足够的安全防范措施的情况下，是很容易受到利用非法 AP 进行的中间人欺骗攻击。解决这种攻击的通常做法是采用双向认证方法（即网络认证用户，同时用户也认证网络）和基于应用层的加密认证（如 HTTPS + WEB）。

7.3.5.3 WEP 破解

现在互联网上存在一些程序，能够捕捉位于 AP 信号覆盖区域内的数据包，收集到足够的 WEP 弱密钥加密的包，并进行分析以恢复 WEP 密钥。根据监听无线通信的机器速度、WLAN 内发射信号的无线主机数量，以及由于 802.11 帧冲突引起的 IV 重发数量，最快可以在两个小时内攻破 WEP 密钥针对高校校园无线网络安全威胁的防范技术。

7.3.5.4 MAC 地址欺骗

即使 AP 起用了 MAC 地址过滤，使未授权的黑客的无线网卡不能连接 AP，这并不意味着能阻止黑客进行无线信号侦听。通过某些软件分析截获的数据，能够获得 AP 允许通信的 STA MAC 地址，这样黑客就能利用 MAC 地址伪装等手段入侵网络了。

为了有效保障无线局域网（WLAN）的安全性，就必须实现以下几个安全目标：(1) 提供接入控制；(2) 确保连接的保密与完好；(3) 防止拒绝服务（DoS）攻击。

为了构建一个稳定的、安全的校园无线网络环境，解决校园无线网络应用环境下，对各种不同类型用户在安全、网络资源控制、用户认证等方面的问题，让网络应用的价值更大化，校园无线网络解决方案在设计之初就应该考虑以上安全目标。以某大学校园的无线安全解决方案为例，如图7-11所示。

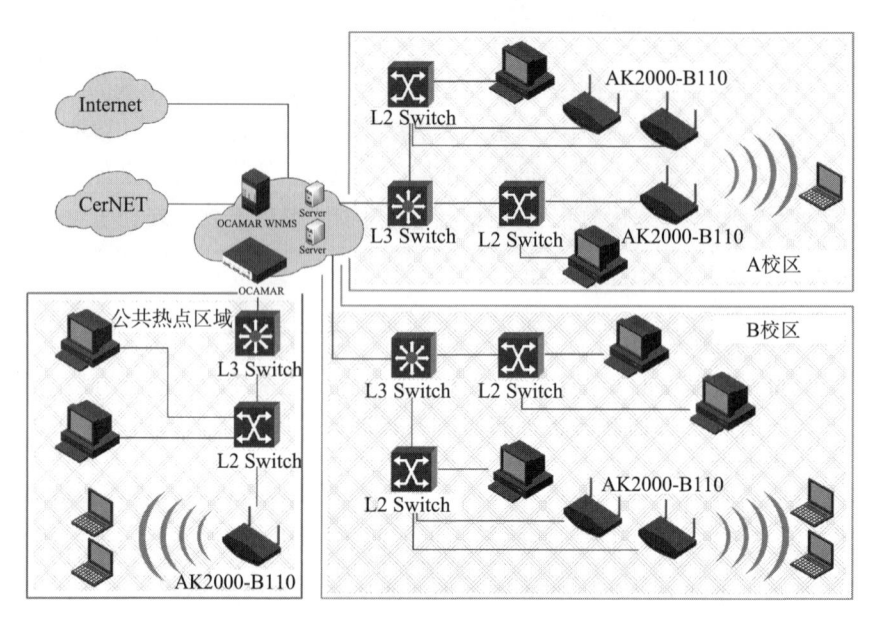

图 7-11　某大学无线网拓扑

大规模的无线网络解决方案中，不但在硬件产品方面通过支持用户隔离、支持 MS-CHAPv2、EAP 身份验证、支持 ACL 访问控制，以及与有线防火墙等同的安全功能以外，还必须通过功能强大的网络治理功能来充分保障网络的正常运营。通过自动探测系统中的 AP，实时监控 AP 的状态信息，当发现非法 AP 时自动报警，从而保障整个网络的安全。

如图 7-11 所示，各无线覆盖区域的 AP 就近接到接入层交换机上。因为存在校内教师、学生和校外来访用户等不同的无线用户群，出于不同用户群对安全性、易用性要求不同的考虑，采取 802.1x 和 WEB 认证相结合的方式来提供用户身份认证。为了区分这两种接入方式并将其分别关联到一个对应的 VLAN，采用了支持多 SSID（Multi-SSID）和 802.1q VLAN 特性的 Cisco Aironet 1200 系列 AP。对于在校内的学生和教师用户，将采用符合 WPA 安全架构的 802.1x 标准认证的接入方式，认证通过的用户将获得一个每用户唯一的主密钥，通过该主密钥客户端和负责接入的 AP，将根据 TKIP 方法动态生成每数据包唯一的加密密钥，通信双方以此进行通信加密。在校园有线网 L3 分布层交换机上配置 VLAN 的子接口，利用该子接口作为这个 SSID 所代表的 VLAN 的网关，对其进行路由转发，从而使通过认证的企业内部用户能够如同用有线接入一样访问整个企业网络，但是，由于对无线通信进行了动态加密，保证了校园的敏感数据在空中传输的安全，有效地解决了校园无线应用的首要问题。

参 考 文 献

[1] 赵国栋：《教育信息化国际比较研究》，江苏教育出版社 2008 年版。

[2] 云亮、赵龙刚、李馨迟等：《智慧教育：互联网+时代的教育大转型》，电子工业出版社 2016 年版。

[3] 教育部科技发展中心编著：《高等教育信息化发展研究报告 2015》，清华大学出版社 2015 年版。

[4] 辜胜阻、曹冬梅、李睿：《让"互联网+"行动计划引领新一轮创业浪潮》，载《科学学研究》2016 年第 2 期。

[5] 曹国伟：《"互联网+"代表的是一种新经济形态》，载《金卡工程》2015 年第 3 期。

[6] 邬贺铨：《从互联网到"互联网+"》，载《人民政协报》2015 年 4 月 9 日。

[7] 李彦宏：《让线上生意线下体验无缝对接》，载《人民日报》2015 年 4 月 30 日。

[8] 张瑞生、刘晓辉：《无线局域网搭建与管理》，电子工业出版社 2012 年版。

[9] 谭荣艺：《高校校园无线网络的构建和应用》，广华南理工大学 2012 年版。

[10] 杜民：《802.1x 和 web/portal 认证协同打造校园网认证系统》，载《山东商业职业技术学院学报》2011 年第 10 期。

[11] 李威：《浅谈无线局域网（WLAN）》，载《电信建设》2002 年第 5 期。

[12] 李四军：《无线网络"胖"AP 与"瘦"AP 性能探讨》，载《电脑知识与技术》2012 年第 8 期。

[13] 黎连业、郭春芳、向东明等：《无线网络及其应用技术》，清华大学出版社 2004 年版。

［14］高峰、高泽华、文柳等：《无线城市：电信级 Wi-Fi 网络建设与运营》，人民邮电出版社 2011 年版。

［15］韩旭东：《IEEE802.11 无线局域网》，电子工业出版社 2008 年版。

［16］段水福、历晓华、段炼：《无线局域网设计与实现》，浙江大学出版社 2007 年版。

［17］王鑫：《浅谈校园无线网络设计与实现》，载《电脑知识与技术》2013 年第 2 期。

［18］高春阳、白亮、孙平：《高校无线校园网建设研究》，载《电脑知识与技术》2013 年第 35 期。

［19］罗汉云、董甲东、郑羽、张小林：《基于 802.11n 无线校园网关键技术的研究及应用》，载《安庆师范学院学报》（自然科学版）2013 年第 3 期。

［20］王笑娟、刘彩凤、罗斌：《高校学生宿舍无线校园网设计方案》，载《中国高等教育学会教育信息化分会第十二次学术年会论文集》2014 年。

［21］王忠：《美国推动大数据技术发展的战略价值及启示》，载《中国发展观察》2012 年第 6 期。

［22］［英］维克托·迈尔·舍恩伯格，周涛译：《大数据时代》，浙江人民出版社 2012 年版。

［23］陈敏、张东、张引、亓开元：《大数据浪潮》，华中科技大学出版社 2015 年版。

［24］张引、陈敏、廖小飞：《大数据应用的现状与展望》，载《计算机研究与发展》2013 年第 S2 期。

［25］常红春、严思静：《大数据技术在智慧校园中的应用现状及前景》，载《科技与创新》2016 年第 8 期。

［26］赵卫：《大数据环境下高校校园网建设探究》，载《网络通讯及安全》2016 年第 12 期。

［27］李金旭、吕书林：《高校大数据平台的建设意义》，载《中国市场》2017 年第 15 期。

［28］孟小峰、慈祥：《大数据管理：概念、技术与挑战》，载《计算机研究与发展》2013 年第 1 期。

［29］冯登国、张敏、李昊：《大数据安全与隐私保护》，载《计算机学报》2014 年第 1 期。

[30] 王宏志:《大数据质量管理:问题与研究进展》,载《科技导报》2014年第34期。

[31] 刘伟、崔永锋:《高校数字校园数据质量管理平台构建研究》,载《周口师范学院学报》2014年第5期。

[32] 徐宗本、冯芷艳、郭迅华、曾大军、陈国青:《大数据驱动的管理与决策前沿课题》,载《管理世界》2014年第11期。

[33] 梁柱:《基于校园大数据的学生行为分析与预测方法研究》,西安理工大学出版社2017年版。

[34] 孙其伟、陆春:《大数据在高校中的应用研究》,载《中国教育网络》2014年第1期。

[35] 巫莉莉、黄志宏:《大数据引领高校信息化教学的发展与创新》,载《新课程》(下旬)2015年第9期。

[36] 刘杰:《高校数据中心的智慧数据体系的规划与设计》,载《电脑知识与技术》2015年第19期。

[37] 檀有志:《网络空间主权:网络安全法(草案二审稿)的浓重底色》,载《信息安全研究》2016年第9期。

[38] 潘芮、李齐萍:《中华人民共和国网络安全法实施意义思考》,载《大科技》2017年第25期。

[39] 李彦、高博:《高校校园网络安全分析及防范体系研究》,载《现代教育技术》2011年第11期。

[40] 宁向延、张顺颐:《网络安全现状与技术发展》,载《南京邮电大学学报》(自然科学版)2012年第5期。

[41] 潘小星:《高校校园网络安全分析与解决方案》,载《科技信息》2012年第4期。

[42] 刘钦创:《高校校园网的安全现状与对策》,载《现代计算机》(专业版)2006年第3期。

[43] 宋好好:《云计算信息系统信息安全等级保护测评关键技术研究》,载《信息网络安全》2015年第9期。

[44] 刘泽华:《高校信息系统安全等级保护研究》,载《中国管理信息化》2016年第8期。

[45] 武腾、宋好好:《教育行业信息系统等级保护研究》,载《网络空间安全》2017年第12期。

[46] 王丽玲:《浅谈计算机安全与防火墙技术》,载《电脑开发与应

用》2012年第12期。

［47］刘水：《防火墙与入侵检测系统在校园网中结合应用的初探》，南京理工大学出版社2003年版。

［48］刘小莉：《智慧校园网的云计算安全体系架构分析》，载《网络安全技术与应用》2016年第11期。

［49］房秉毅、张云勇、吴俊：《云计算应用模式下移动互联网安全问题浅析》，载《电信科学》2013年第3期。

［50］陈勇：《浅谈云计算应用模式下移动互联网的安全问题》，载《科技创新与应用》2016年第8期。

［51］宋金沙：《移动互联网安全技术探析》，载《中国新通信》2017年第3期。

［52］王艳歌：《校园无线网络安全防范浅析》，载《计算机时代》2013年第10期。

［53］任伟：《无线网络安全问题初探》，载《信息网络安全》2012年第1期。

［54］刘长瑞、聂明：《无感知WLAN业务认证方式的分析》，载《电信工程技术与标准化》2012年第2期。

［55］姜彩萍、王继龙：《校园网规范运行研究》，载《广西大学学报》（自然科学版）2011年增刊。

后　　记

"互联网+"时代，云计算、物联网、大数据、人工智能等信息技术日新月异，它深刻地改变着世界，改变着我们的生活，创造了人类生活的新空间。正如滴滴打车、共享单车改变了人们的出行方式，淘宝、京东改变了人们的消费方式，Google、百度改变了人们获取信息的方式一样，信息技术对未来人类社会的影响无法估量。

在"互联网+"背景下，快速发展的高校信息化何去何从？是现阶段很多高校信息化工作者都在思考的问题。从21世纪初开始，经过十多年数字校园建设，教育信息化已经从信息技术的自身应用问题，转向了如何利用信息技术促进大学教学、科研和管理方式变革等深层次、影响学校整体变革和发展的核心议题。将信息技术与教育行业深度融合，将互联网思维、互联网技术融入大学校园的每一条脉络，是高等教育迎接互联网时代挑战、勇于作出变革的一种姿态。我们看到，越来越多的高校正在打破自身原有的"自建自用""重建轻用""重桌面轻移动""重管理轻教学"等建设思维，开始用更加开放的姿态拥抱互联网。

在全国高校都在如火如荼地建设具有自身特色的"智慧校园""互联网+"校园，以期实现在"互联网+"时代中的新发展时，我们仍然要说不忘初心。信息化建设是一个漫长的过程，它需要不断推进、不断积累、不断提高，想一蹴而就在沙滩上建大楼是不现实且很难取得成功的。信息化建设的初心是什么？我们终究不能为了信息化而信息化，高校信息化的目标就是促进教学，改革教学模式、手段与方法，丰富教学资源，提高学习效率与质量；促进科研，促进知识的产生、传播与管理，支持学术创新；促进管理，畅通学校的信息流，实现各部门工作协同，提高效率；提供科学全面的数据资源与决策依据，提升决策水平与能力，提高服务效率与水平，最终实现促进高等教育质量的全面提升。

在漫长的信息化建设道路上，仅仅靠高等院校自身的力量还是略显单薄，需要通过与互联网企业、IT公司等各方进行深度合作，加快校园服务、提高办公管理、提升智能决策水平等，从而更好地为高校师生提供更为人性化、个性化的特色服务，实现高校在"互联网+"时代信息化建设的伟大使命。

再次感谢我的同事们在紧张忙碌的工作之余，查阅大量国内外信息资料，总结多年从事高校信息化实践经验，经过多次讨论磨合，使得本书得以和广大读者见面。但是，信息技术发展迅猛，截止到收稿之日，书中的一些数字和数据已经不是最新的，加上作者水平所限，谬误在所难免，希望同行专家不吝指教。

高校信息化建设任重道远，我们一直在路上……

张 芳

2018年12月